Luciana Ziglio

Giovanna Rizzo

Espresso 1

Corso di italiano - Livello A1

Libro dello studente ed esercizi

1003

Alma
Edizioni
Firenze

Per la preziosa collaborazione durante la produzione e sperimentazione del libro ringraziamo le colleghe ed amiche Linda Cusimano, Gabriella De Rossi, Daniela Pecchioli e Mariangela Porta.

Copertina: Detlef Seidensticker
Disegni: ofczarek!
Layout: Caroline Sieveking
Fotocomposizione e litografie: Design Typo Print

Stampa: la Cittadina - Gianico (BS)
Printed in Italy

ISBN 978-88-86440-29-4

© 2001 Alma Edizioni - Firenze
Tutti i diritti riservati
Ultima ristampa: novembre 2006

Alma Edizioni
viale dei Cadorna, 44
50129 Firenze
Tel. +055 476644
Fax +055 473531
info@almaedizioni.it
www.almaedizioni.it

Indice

Intenzioni comunicative
salutare, chiedere il nome; presentarsi; chiedere e indicare la provenienza; congedarsi

Grammatica e Lessico
i pronomi soggetto: *io, tu, Lei; essere, avere, chiamarsi* (al singolare);
l'articolo determinativo: *il, la;* aggettivi di nazionalità (al singolare);
avverbi interrogativi: *come, di dove, qual*

E inoltre
chiedere il numero di telefono e l'indirizzo e rispondere; chiedere di ripetere un'informazione; numeri cardinali da 0 a 20

Intenzioni comunicative
informarsi dello stato di salute; presentare; chiedere e fornire informazioni personali; informarsi delle conoscenze linguistiche altrui e fornire le proprie; essere spiacenti di qualcosa; ringraziare

Grammatica e Lessico
verbi regolari in *–are; essere, avere, stare* e *fare*; il sostantivo (al singolare); la negazione; l'articolo determinativo (al singolare); l'articolo indeterminativo; *questo / questa*;
le preposizioni: *a, in, di;* le particelle interrogative: *che, chi, dove, quanti*

E inoltre
chiedere e dire l'età; numeri cardinali fino a 100

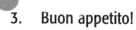

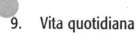

9. Vita quotidiana

Intenzioni comunicative
parlare degli orari lavorativi, di una giornata tipo e delle abitudini;
parlare della frequenza

Grammatica e Lessico
locuzioni temporali; verbi riflessivi; avverbi

E inoltre
fare gli auguri; le festività in Italia

10. Fare acquisti

Intenzioni comunicative
descrivere e comprare vestiti; chiedere il prezzo; chiedere di poter cambiare qualcosa;
essere indecisi; esprimere gusti e preferenze; fare confronti

Grammatica e Lessico
i colori; pronomi diretti tonici e atoni; il verbo *dire*; *troppo*; *questo / quello*;
i comparativi; i diminutivi

E inoltre
gli acquisti

Introduzione

Cos'è Espresso.

Espresso è un corso di lingua italiana per stranieri diviso in tre livelli. Si basa su principi metodologici moderni e innovativi, grazie ai quali lo studente viene messo in grado di comunicare subito con facilità e sicurezza nelle situazioni reali.

Particolare rilievo viene dato allo sviluppo delle capacità comunicative, che sono stimolate attraverso attività vivaci, coinvolgenti ed altamente motivanti, poiché centrate sull'autenticità delle situazioni, sulla varietà e sull'interazione nella classe. Allo stesso tempo, non è trascurata la riflessione grammaticale né mancano momenti di sistematizzazione, di fissazione e di rinforzo dei concetti appresi. Espresso è inoltre ricco di informazioni sulla vita e sulla cultura italiana. Per la sua chiarezza e sistematicità, Espresso si propone come uno strumento semplice e pratico da usare da parte dell'insegnante.

Com'è strutturato Espresso 1.

Espresso 1 è il primo volume del corso e si rivolge a studenti principianti (**livello A1** del Quadro Comune). Offre materiale didattico per circa 60/90 ore di corso (più un eserciziario per il lavoro a casa). È composto da un libro, un CD audio e una guida per l'insegnante.

Il libro, che riunisce in un unico volume sia le lezioni per lo studente che gli esercizi, contiene:
- 10 unità didattiche (libro dello studente)
- 10 capitoli di esercizi (eserciziario)
- 4 unità ludiche di revisione (facciamo il punto)

Il CD audio contiene:
- i brani autentici di lingua parlata
- gli esercizi di intonazione e pronuncia

La guida per l'insegnante contiene:
- l'illustrazione del metodo
- le indicazioni per svolgere le lezioni
- le chiavi delle attività

A studenti e insegnanti auguriamo buon lavoro e buon divertimento con **Espresso**.

Autrici e casa editrice

Primi contatti

 1 Ciao o buongiorno?

CD 1

Guarda le immagini e ascolta.

Buona sera, signora!
Buona sera, dottore!

Ciao, Giorgio!
Ciao, Anna!

Ciao, Paola!
Oh, ciao Francesca!

Buongiorno, professore!
Buongiorno!

Come ci si saluta nei vari momenti della giornata?
Completa la tabella.

Con il "Lei" _____ _____

Con il "tu" _____ _____

E 1 *Ascolta un'altra volta e ripeti.*

2 Scusi, Lei come si chiama?

CD 2

Ascolta i dialoghi e collegali al disegno giusto.

a.

b.

c.

d.

1. ■ Ciao, sono Valeria, e tu come ti chiami?
   ▼ Alberto. E tu?
   ● Io Cecilia.

2. ■ Buongiorno, sono Giovanni Muti.
   ▼ Piacere, Carlo De Giuli.

3. ■ Scusi, Lei come si chiama?
   ▼ Franca Gucci.
   ■ E Lei?
   ● Anch'io mi chiamo Gucci, Paola Gucci.

4. ■ La signora Genovesi ...?
   ▼ Sì, sono io, e Lei è il signor ...?
   ■ Ragazzi. Marcello Ragazzi.

Cosa dici quando...

ti presenti _____

chiedi il nome (con il Lei) _____

chiedi il nome (con il tu) _____

3 Piacere!

In gruppi di due o tre persone preparate un dialogo su uno dei disegni e presentatelo alla classe. Gli altri cercheranno di indovinare di quale situazione si tratta.

	essere	chiamarsi
(io)	sono	mi chiamo
(tu)	sei	ti chiami
(Lei)	è	si chiama

 E 2

4 | Fare conoscenza

Alzatevi e girate per la classe salutandovi e presentandovi.
Decidete se darvi del tu o del Lei.

5 | «c» come ciao

CD 3

Ascolta le seguenti parole e ripeti.

caffè · Garda · piacere · spaghetti · parmigiano · ciao · arrivederci · zucchero ·
chitarra · gelato · Germania · radicchio · zucchini · Monaco · funghi · formaggio ·
cuoco · buongiorno · prosecco · lago · ragù · cuore

Ordina le parole secondo i seguenti suoni.

[tʃ]   **ciao** _____

[k]   **caffè** _____

[dʒ]   **gelato** _____

[g]   **Garda** _____

La "c" si pronuncia [tʃ] davanti a _____ e [k] davanti a _____.

La "g" si pronuncia   [dʒ] davanti a _____ e [g] davanti a _____.

6 | Proviamo a leggere!

CD 4

In coppia, alternandovi, provate a leggere le seguenti parole.
Controllate poi la pronuncia con l'aiuto del CD.

E 3

7 E Lei di dov'è?

CD 5

- ... Lei è italiana?
- ▼ Sì. E Lei? È inglese?
- No, sono irlandese.
- ▼ Ah, irlandese!
- Sì, sono di Dublino. E Lei di dov'è?
- ▼ Di Verona.

- ▼ Sei tedesco?
- No, sono austriaco. E tu, di dove sei?
- ▼ Sono italiana, di Genova.

Cosa dici quando...

chiedi la provenienza (con il Lei) _____

chiedi la provenienza (con il tu) _____

ti chiedono la tua provenienza _____

8 Ricostruisci i dialoghi

Completa i dialoghi con le frasi a., b., c.

a. Sì. E Lei è italiana?
b. Io sono italiana. E tu?
c. Sei svizzera?

Leggi. Alla fine puoi aggiungere il nome del tuo Paese e della tua nazionalità.

No, sono austriaca.

1.

Italia	italiano	italiana
Germania	tedesco	tedesca
Austria	austriaco	austriaca
Svizzera	svizzero	svizzera
Spagna	spagnolo	spagnola
Inghilterra	inglese	inglese
Irlanda	irlandese	irlandese
Portogallo	portoghese	portoghese
Francia	francese	francese
_____	_____	_____

Lei è francese?

2.

Io sono tedesco.

3.

E 4·5·6·7

1

9 Lei è francese?

A sceglie una città dal primo gruppo, B dal secondo. Preparate un dialogo secondo il seguente modello. Prima di cominciare potete scrivere i nomi di altre città.

A Parigi, Roma, Londra, Berlino (....................................)
B Madrid, Vienna, Berna, Lisbona (....................................)

LEI	TU
■ Lei è ...?	■ Sei ...?
▼ Sì, di .../No, sono ..., di ... E Lei, di dov'è?	▼ Sì, di .../No, sono ..., di ... E tu, di dove sei?
■ Sono ..., di ...	■ Sono ..., di ...

10 Tu o Lei?

CD 6

Ascolta i 6 dialoghi e segna con una X se le persone si danno del tu o del Lei.

	1	2	3	4	5	6
tu	☐	☐	☐	☐	☐	☐
Lei	☐	☐	☐	☐	☐	☐

11 Chi è?

La classe viene divisa in due gruppi. Ogni studente scrive il proprio nome su un foglio, poi i fogli vengono raccolti e distribuiti agli studenti dell'altro gruppo. A questo punto ognuno cerca la persona indicata dal foglio e la intervista chiedendo il nome, il Paese e la città di provenienza.

12 Alla fine della lezione

CD 7

Alla fine della lezione saluta i tuoi compagni.

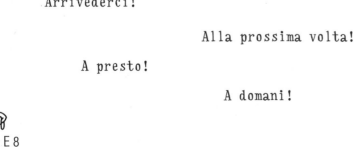

Ciao!

ArrivederLa!

Arrivederci!

Alla prossima volta!

A presto!

A domani!

E 8

E INOLTRE...

1 Numeri

Ascolta e ripeti.

2 Che numero è?

Scrivi nel riquadro a sinistra sette numeri a piacere da 0 a 20. Dettali poi al tuo compagno, che li scriverà nel riquadro vuoto a destra. Alla fine confrontate i risultati.

E 9·10

3 Qual è il Suo numero di telefono?

- ■ Qual è il Suo indirizzo?
- ▼ Via Garibaldi, 22.
- ■ E il Suo numero di telefono?
- ▼ 342 67 95. Però ho anche il cellulare: 0347-762 17 82.
- ■ Come, scusi?
- ▼ 0347-762 17 82.

Con il "Lei":	Qual è il Suo numero ...?
	Come, scusi?
Con il "tu":	Qual è il tuo numero ...?
	Come, scusa?

	avere
(io)	ho
(tu)	hai
(Lei)	ha

4 Rubrica telefonica
Che numero di telefono hanno i tuoi compagni di classe?
Fai una lista.

Corso d'italiano

Nome e Cognome	Telefono

E 11·12

Per comunicare

Buongiorno, signora Gucci!
Buona sera, signor Muti!
Ciao, Paolo!

Come ti chiami?/Come si chiama?
(Mi chiamo) …
Piacere.

La signora Cavani?
Sì, sono io.

Di dove sei?/Di dov'è ?
(Sono) di Genova./Sono italiano/-a.

Sei/è spagnolo/-a?
Sì./No, sono portoghese.

Qual è il tuo/il Suo numero di telefono?
Come scusa?/Come scusi?

Qual è il tuo/il Suo indirizzo?
Via/Piazza …, 22.

Arrivederci!/ArrivederLa!
A presto!/A domani!/Ciao!
Alla prossima volta!/Buonanotte!

Presente (singolare)

	essere	avere	chiamarsi
(io)	sono	ho	mi chiamo
(tu)	sei	hai	ti chiami
(Lei)	è	ha	si chiama

La forma di cortesia è "Lei".

Di dove sei? (Sono) di Genova.
Io mi chiamo Dario. E **tu** (come ti chiami)?

Di solito in italiano i pronomi personali soggetto (io, tu, lui, lei, ecc.) non si usano, perché il verbo contiene già l'indicazione della persona. I pronomi si usano solo quando si vuole mettere in evidenza il soggetto o quando manca il verbo.

Articoli determinativi (singolare)

maschile	femminile
il signore	la signora

Aggettivi di nazionalità (singolare)

maschile	femminile
italiano	italiana
irlandese	irlandese

Gli aggettivi in –o al maschile singolare, prendono la desinenza –a al femminile singolare. Gli aggettivi in –e hanno la stessa desinenza sia al maschile che al femminile singolare.

dottore, professore, signore

Buongiorno, dottore / Buongiorno dottor Visconti.

*Con i nomi propri si dice **dottor** invece di **dottore**, **professor** invece di **professore** e **signor** invece di **signore**.*

Preposizioni

Sono **di** Genova.

Avverbi interrogativi

Come ti chiami?
Di dove sei?
Qual è il tuo numero di telefono?

Io e gli altri

1 Come va?

CD 12

Come stanno queste persone? Guarda le immagini e ascolta.

Cosa dici quando chiedi a qualcuno come sta?

Con il "Lei" _____   _____

Con il "tu" _____   _____

Scrivi le risposte nell'ordine giusto, dalla più positiva alla più negativa.

+++ _____   + _____

++ _____   - _____

Chiedetevi a vicenda come state.

■ Ciao, come va/come stai?   ▼ Buongiorno, come va/come sta?
▼ (Oggi)...   ■ (Oggi)...

2 Piacere

■ Buona sera, signora Vinci. Come sta?
▼ Bene, grazie. E Lei?
■ Non c'è male, grazie.
  Ah, Le presento il signor Lucchetti.
  Signor Lucchetti, la signora Vinci.
▼ Piacere.
▲ Molto lieto.

> signora Vinci/signor Lucchetti
>
> Le presento **la** signora Vinci/**il** signor Lucchetti.

3 Le presento ...

In gruppi di tre persone preparate un dialogo sul modello dell'esercizio precedente.
Usate i vostri nomi o scegliete dei nomi italiani.

Cesarini   Vannucci   Magoni

Ghezzi   Dolci

Gelli   Giannini   Calabrese

Garibaldi

Chiarini

Ricci   Baggio

Bianchi

Marchesi

Santoro   Castellani

> **piacere/molto lieto** (maschile)
> **piacere/molto lieta** (femminile)

4 Questa è Eva

CD 14

■ Ehi, ciao Guido. Come stai?

▼ Benissimo. E tu?

■ Anch'io, grazie. Senti, questa è Eva,
una mia amica spagnola, di Siviglia.
E questo è Guido, un mio amico.

▼ Ciao!

▲ Piacere!

■ Sai, Eva parla molto bene l'italiano.

▼ Ah, sì? Io invece purtroppo non parlo lo spagnolo!

E 1·2

	stare	parlare
(io)	sto	parlo
(tu)	stai	parli
(lui, lei, Lei)	sta	parla

Io **parlo** lo spagnolo.
Io **non parlo** lo spagnolo.

> Quest**o** è un mio amic**o**.
> Quest**a** è una mia amic**a**.

5 Chi è?

A turno presentate le persone ritratte nelle foto.

> Questa è María, una mia amica spagnola di Siviglia.

María – Siviglia   Monica – Lugano   Peter – Colonia   Annie – Nizza   Jack – Londra

6 Che lingue parla?

Completate insieme la lista con le lingue che conoscete. Poi lavorate in coppia. Ogni studente sceglie tre lingue dalla lista. Il partner dovrà indovinare quali lingue parla l'altro solo con quattro domande.

- Parli/parla il greco?
- ▼ Sì/no.
- Parli/parla ...?

l'italiano	lo spagnolo
l'olandese	lo svedese
l'inglese	il portoghese
il russo	il tedesco
il francese	_____
il greco	_____

E 3

7 Presentazioni

In gruppi di tre scegliete una delle seguenti situazioni e preparate un dialogo; poi presentatelo alla classe.

Festa
Ad una festa presentate un/a amico/a straniero/a ad un/a italiano/a.

Libreria
Siete in una libreria in compagnia di un amico e incontrate un/a conoscente; presentate le due persone.

8 Che lavoro fa?

Collega le foto ai biglietti da visita.

1.

2.

3.

4.

DOTT. MAURIZIO IOTTI
INGEGNERE EDILE

Via Sardegna, 4
91145 Palermo
Tel. 091/569832

a.

DOTT. DARIO VISCONTI
Medico Chirurgo · Primario Radiologo

Ospedale Cavalese (TN)
Tel. (0462) 341045

b.

Dott.ssa Bianca Parigini
Architetto per interni

Via G. Chiarugi, 34   Tel. 0577-98563
53100 Siena   Fax 0577-98564
                             E-mail parig@aol.it

c.

Salone Alma
di Alma Valentini
Estetista

50133 Firenze · Via Faentina, 38 · Tel. (055) 470486

d.

9 Faccio la segretaria

CD 15

■ Siete di qui?

▼ No, siamo di Napoli, ma abitiamo qui a Bologna.

■ Ah, di Napoli! E che cosa fate di bello? Studiate?

▲ No, io lavoro in una scuola di lingue.

■ Sei insegnante?

▲ No, faccio la segretaria.

■ E tu che lavoro fai?

▼ Io sono impiegata in un'agenzia pubblicitaria.
E tu dove lavori?

■ In uno studio fotografico.

E 4

lavoro in	
un ufficio	**un'**agenzia
uno studio	**una** scuola

10 Che parole mancano?

Completa con le parole mancanti.

Teresa e Maddalena sono _____ Napoli, ma abitano _____ Bologna.

Teresa _____ la segretaria in _____ scuola di lingue. Maddalena _____ impiegata

in _____ agenzia pubblicitaria. Piero invece lavora in _____ studio fotografico.

2

11 Posti di lavoro

Lavorando in piccoli gruppi (3 persone), collegate i posti di lavoro ai disegni.
Vince il gruppo che finisce per primo.

un negozio · un ufficio postale · un ristorante ·
un'officina · una banca · un ufficio ·
una fabbrica · una farmacia

	essere	fare	lavor**are**
(io)	sono	faccio	lavor**o**
(tu)	sei	fai	lavor**i**
(lui, lei, Lei)	è	fa	lavor**a**
(noi)	siamo	facciamo	lavor**iamo**
(voi)	siete	fate	lavor**ate**
(loro)	sono	fanno	lavor**ano**

12 Chi sono?

Lavorate in coppia. A turno, presentate le persone delle foto, facendo delle frasi come nell'esempio.

Leggi la lista. Alla fine puoi aggiungere il nome del tuo lavoro.

Questo è Francesco, è di Firenze ma abita a Bari, fa l'operaio/è operaio, lavora in una fabbrica.

l'operaio	l'operaia
il commesso	la commessa
l'insegnante	l'insegnante
l'infermiere	l'infermicra
il farmacista	la farmacista
lo studente	la studentessa
_____	_____

E 5·6
7·8

Francesco – operaio

Antonio – farmacista

Patrizia – insegnante

Alberta – infermiera

Luisa – commessa

13 Per conoscerci meglio

Vuoi conoscere meglio i tuoi compagni? Fai a quattro di loro le seguenti domande:

Come ti chiami?   Di dove sei?   Che lavoro fai?

Dove abiti?   Dove lavori?

Ora presenta agli altri una o due delle persone intervistate.

Lui si chiama Pablo Hernandez, è di Siviglia, ma abita a Madrid. Pablo è medico e lavora in un ospedale.

14 Cerco ...

Leggi gli annunci. Chi offre un lavoro?
Chi è la persona giusta per questo lavoro?

Studente austriaco <u>cerca camera</u>
in famiglia a Firenze in cambio
di conversazione in tedesco ed
inglese.

Werner Heider,
Tel. 055-875391

Sono brasiliana, abito a Firenze e
parlo il portoghese, il francese, lo
spagnolo e l'italiano. Cerco lavoro
come traduttrice.
Silvia Soares, tel. 055-783429

Mi chiamo Elizabeth.
Sono di Boston e studio
architettura a Firenze.
Parlo bene il francese e
cerco un piccolo lavoro.
Tel. 055-985461,
ore 8.00-10.00

Insegnante con figlio di
3 anni <u>cerca baby-sitter</u>.
Rita Carassini
Tel. ore pasti 055-134365

E 9

2

CD 16

15 Una straniera in Italia

Ascolta la conversazione tra Valeria, Licia e Franco
e segna le risposte esatte.

Valeria è	una collega di Franco.	☐
	un'amica di Franco.	☐
È	spagnola.	☐
	argentina.	☐
È di	Buenos Aires.	☐
	Cordoba.	☐
È ad Urbino	per visitare la città.	☐
	per studiare l'italiano.	☐
Studia l'italiano	per motivi di lavoro e perché ama la lingua.	☐
	perché adesso abita e lavora in Italia.	☐
Licia lavora	in banca.	☐
	in ospedale.	☐
Franco lavora	in banca.	☐
	in proprio.	☐

E INOLTRE...

1 I numeri da venti a cento

Completa.

20	venti	29	*ventinove*	60	sessanta
21	ventuno	30	trenta	68	*sessantotto*
22	*ventidue*	31	trentuno	70	settanta
23	ventitré	32	trentadue	74	*settantaquattro*
24	*ventiquattro*	35	*trentacinque*	80	ottanta
25	venticinque	40	quaranta	81	*ottantuno*
26	*ventisei*	46	*quarantasei*	90	novanta
27	*ventisette*	50	cinquanta	93	*novantatré*
28	ventotto	57	*cinquantasette*	100	cento

CD 17

Ora ascolta e confronta.

2 Che numero è?

CD 18

Segna i numeri che ascolti.

23		67	
	33	77	91
81	50		24
15		42	5

3 Leggi e completa

Leggi ad alta voce. Quali numeri mancano?

5	15	25	____
10	20	30	____
44	33	22	____
100	90	80	____
50	51	52	____

E 10·11

4 Quanti anni ha?

■ Quanti anni ha il figlio di Luisa?
▼ Due.

5 Quanti anni hanno?

Quanti anni ha Nicola?

Nicola

Gino

Franca

Remì

Laura

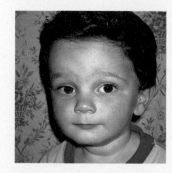

Alessandro

6 Indovina

Pensa ad un numero tra 1 e 100. Questa è la tua età. Un tuo compagno cercherà di indovinare quanti anni hai. Se il numero nominato è minore di' "di più", se è maggiore di' "di meno".

■ Quanti anni hai/ha?
▼ Indovina.
■ 30?
▼ No, di più/di meno.

E 12·13·14
15·16

Per comunicare

Come stai?/Come sta?/Come va?
Benissimo./Bene./Non c'è male./Male.

Oggi sto male.
Oh, mi dispiace.

Le presento …/Questo è …/Questa è …
Piacere./Molto lieto./Molto lieta.

Che lavoro fai/fa?/Che cosa fai/fa?
Sono …/Faccio il/la …

Dove lavori/lavora?
In una scuola. In un ospedale …

Dove abiti/abita?
(Abito) in … (Paese), a … (città).

(Tu) sei di qui?/(Lei) è di qui?
Sì./No, sono di …

Quanti anni hai?/ha?
Venti. Sessantadue. Quarantotto …

Grammatica

Articoli determinativi (singolare)

	maschile	femminile
(davanti a consonante)	il signore	la signora
(davanti a vocale)	l' amico	l' amica
(davanti a s + consonante)	lo straniero	la straniera

Articoli indeterminativi

	maschile	femminile
(davanti a consonante)	un commesso	una commessa
(davanti a vocale)	un impiegato	un' impiegata
(davanti a s + consonante)	uno straniero	una straniera

Il nome (singolare)

maschile	femminile
amico	amica
insegnante	insegnante

*In italiano ci sono solo due generi: il maschile e il femminile. Di solito i nomi in –o sono maschili, i nomi in –a sono femminili. Ci sono però delle eccezioni: es. **il collega, il farmacista** (maschili). I nomi in –e possono essere maschili o femminili.*

questo – questa

Questo è Carlo.   **Questa** è Carla.

Questo e questa si concordano con il genere della persona o della cosa cui si riferiscono.

L'età

Quanti anni hai? – (Ho) 45 (anni).

*L'età si esprime con il verbo **avere**.*

La negazione

Sei inglese? **No**, sono americano.
Non parlo il russo.

"Non" è sempre in combinazione con un verbo.

Le Preposizioni

Abito **a** Bologna (città).
Abito **in** Italia (Paese).
Lavoro **in** banca/**in** ospedale/**in** proprio.

Gli interrogativi

Chi è? – Pedro, un mio amico spagnolo.
Che lingue parli? / **Che** lavoro fai?
Dove lavori?
Quanti anni hai?

Facciamo il punto

Si gioca in gruppi di 3 – 5 persone con 1 dado e pedine. A turno i giocatori lanciano il dado e avanzano con la loro pedina di tante caselle quanti sono i punti indicati sul dado. Arrivati sulla casella svolgono i compiti segnati. Se si arriva a una casella con la scaletta si sale o si scende, avanzando o retrocedendo. Se si arriva a una casella con il simbolo del sorriso si va avanti di tre caselle. Se il compito non è svolto correttamente si retrocede di una casella. In quest'ultimo caso però, se si arriva in una casella con le scalette, non si avanza né si retrocede. Vince chi arriva prima al traguardo.

Buon appetito!

1 **Che bevande sono?**

Come si chiamano queste bevande in italiano? Scrivi i nomi sotto ai disegni.

l'aranciata · l'aperitivo · il bicchiere di latte · l'acqua minerale ·
lo spumante · la spremuta di pompelmo · il cappuccino · la birra

2 **Conosci il nome di altre bevande?**

Conosci altre bevande italiane? Scrivi il nome qui sotto.

E 1

3 In un bar

CD 23

- ■ I signori desiderano?
- ▼ Io prendo un cornetto e un caffè macchiato.
- ■ E Lei, signora?
- ◆ Anch'io vorrei un cornetto e poi ... un tè al limone.
- ■ I cornetti con la crema o con la marmellata?
- ◆ Mmm ... con la crema.
- ▼ Per me invece con la marmellata.
- ■ E Lei che cosa prende?
- ▲ Mmm, solo un tè al latte.
- ■ Bene, allora due cornetti, due tè e un macchiato.

Che cosa prendono da mangiare? _____

E da bere? _____

	prend**ere**
(io)	prend**o**
(tu)	prend**i**
(lui, lei, Lei)	prend**e**
(noi)	prend**iamo**
(voi)	prend**ete**
(loro)	prend**ono**

E 2·3

un cornett**o**	due cornett**i**
un aperitiv**o**	due aperitiv**i**
un caffè	due caffè
un toas**t**	due toas**t**
una spremut**a**	due spremut**e**
un'aranciat**a**	due aranciat**e**

4 Completa

Come si può fare un'ordinazione?
Scrivi le espressioni usate nel dialogo.

a. _____

b. _____

c. _____

toast   tramezzino

gelato   pizza

5 I signori desiderano?

Adesso tocca a voi. In tre rappresentate questa situazione.

- ■ I signori desiderano?
- ▼ Io prendo ...
- ◆ Ah, anch'io ...
- ■ Bene, allora due ...

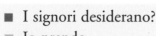

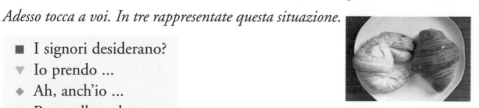

paste   panino imbottito

6 Quali piatti conosci?

Quali piatti del menù conosci?
Quali prepari anche a casa?

Ristorante *Buca Lapi*

Menù a prezzo fisso
€ 20

Antipasti

Affettati misti
Pomodori ripieni
Bruschette
Insalata di mare

Primi piatti

Tortellini in brodo
Tagliatelle ai porcini
Lasagne al forno
Risotto ai funghi
Minestrone
Spaghetti ai frutti di mare
Spaghetti al pomodoro

Secondi piatti
Carne

Cotoletta alla milanese
Braciola di maiale ai ferri
Pollo allo spiedo
Arrosto di vitello

Pesce

Trota alla mugnaia
Sogliola

Contorni

Insalata mista
Patatine fritte
Purè di patate
Spinaci al burro
Peperoni alla griglia

Dessert

Frutta fresca
Macedonia
Fragole
Gelato
Panna cotta
Tiramisù

7 In trattoria

CD 24

Ecco l'ordinazione che ha preso il cameriere.
Cosa è giusto e cosa è sbagliato? Ascolta il dialogo e decidi.

	sì	no
2 spaghetti	☐	☐
1 cotoletta + pat.	☐	☐
1 litro rosso	☐	☐
1/2 miner. gasata	☐	☐
1 coca	☐	☐

■ Buongiorno signora, vuole il menù?

▼ No, grazie, vorrei solo un primo. Che cosa avete oggi?

■ Spaghetti ai frutti di mare, tagliatelle ai porcini, tortellini in brodo, minestra di fagioli …

▼ Ah, va bene così, per me gli spaghetti.

■ E per il ragazzo?

▼ Vuoi anche tu la pasta o preferisci qualcos'altro?

◆ Mm, una cotoletta con le patatine fritte.

■ E da bere?

▼ Un quarto di vino rosso e mezza minerale, per piacere.

■ Gasata o naturale?

▼ Naturale. E tu … che cosa vuoi?

◆ Ehm … una coca … senza ghiaccio.

	volere	preferire
(io)	voglio	preferisco
(tu)	vuoi	preferisci
(lui, lei, Lei)	vuole	preferisce
(noi)	vogliamo	preferiamo
(voi)	volete	preferite
(loro)	vogliono	preferiscono

E 4·5·6

Completa i verbi con le desinenze giuste.

La signora e il ragazzo non vogl_____ l'antipasto. Lei pref_____ solo un primo e pren_____ gli spaghetti ai frutti di mare. Lui invece vuo_____ una cotoletta con le patatine fritte. Da bere prend_____ una coca, un quarto di vino rosso e mezza minerale.

8 Carne o pesce?

Cosa preferite? Scambiatevi delle domande.

Preferisci/Preferisce la carne o il pesce?

il gelato	i gelati
lo spumante	gli spumanti
l'antipasto	gli antipasti
la pizza	le pizze
l'insalata	le insalate

tortellini/lasagne

arrosto/cotoletta

panna cotta/fragole

spinaci/patatine

carne/pesce

vino bianco/vino rosso

gelato/macedonia

pasta/riso

frutta/strudel

caffè/tè

spaghetti/tagliatelle

insalata/peperoni

E 7

9 Al ristorante

In piccoli gruppi rappresentate una scenetta al ristorante.
I "clienti" ordinano e il "cameriere" prende le ordinazioni.
Usate il menù di pagina 30.

E 8

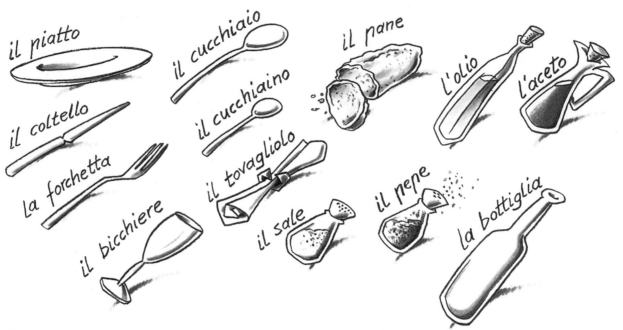

il piatto · il cucchiaio · il pane · l'olio · l'aceto · il coltello · il cucchiaino · la forchetta · il tovagliolo · il bicchiere · il sale · il pepe · la bottiglia

10 Che cosa manca sul tavolo?

Formate due gruppi. Coprite prima il tavolo di destra e guardate quello di sinistra
per 30 secondi. Poi coprite il tavolo di sinistra e guardate che cosa manca
su quello di destra. Vince il gruppo che trova più oggetti mancanti.

Sul tavolo n. 2 mancano ...

11 Il conto, per favore!

Ascolta il dialogo e completalo con le seguenti parole.

> Scusi!
>
> per favore   per cortesia
>
> grazie   grazie
>
> Sì, dica!

- ▪ _____
- ▼ _____
- ▪ Mi porta ancora mezza minerale,
  _____?
- ▼ Certo, signora. Desidera ancora qualcos'altro?
  Come dessert abbiamo gelato, macedonia,
  frutta fresca o il tiramisù, molto buono.
- ▪ No, _____, va bene così. Ah, un momento,
  magari un caffè!
- ▼ Corretto?
- ▪ Sì, _____. E poi il conto, _____.
- ▼ D'accordo.

In coppia, leggete il dialogo prima con le parole da voi inserite e poi senza. Che funzione hanno queste espressioni?

E 9 · 10

12 Ancora qualcosa ...

Fate una scena al ristorante, seguendo queste indicazioni.

Mi porta ancora	mezza minerale?
	un po' di pane?
	un tovagliolo?

A = Cliente

A chiama il cameriere

A dice che vuole un po' di pane

A dice di no, ma poi ordina una birra
e chiede il conto

B = Cameriere

B risponde

B risponde e chiede se A desidera qualcos'altro

B risponde

13 In che locale mangiano?

Leggi velocemente gli annunci e collegali alle seguenti persone.

a. Teresa preferisce la cucina esotica.
b. Emilio non fuma.
c. Andrea ama i piatti tipici regionali.
d. Ada vuole fare una festa in un ristorante per circa cinquanta persone.

☐
RISTORANTE CINESE
Fiore d'Oriente
Via S. Maria 131 · Riva del Garda · Tel. 0464/430547

☐
Ristorante
Novecento
★★★★

Corso Rosmini, 82/D – Rovereto
Tel. 0464/432678
Grande scelta insalate di fantasia
e vini al bicchiere.
Sala banchetti fino a 180 persone.
Veranda all'aperto

☐
Ristorante *Morelli*

Cucina pugliese
(Domenica cucina trentina)
Pasta fatta in casa
È gradita la prenotazione
Chiuso Martedì

☐
Ristorante Pizzeria TRE PINI
A richiesta menù di pesce – Pizze anche a mezzogiorno
Menù del giorno €15 – Giorno di chiusura Martedì
Rovereto – Mori Ferrovia – Tel. 0464 / 480833

☐

Ristorante – Pizzeria – Caffè
Sala non fumatori · Locale climatizzato
Chiuso Domenica e Sabato a mezzogiorno
Trento, Via Milano 148, Telefono 0461/237489

E tu, quale ristorante preferisci?

E 11

14 Un invito a cena

Gigi ed Anna hanno ospiti a cena e preparano un menù.
Ascolta il dialogo e segna i piatti che nominano.

arrosto	☐	gelato	☐	pere cotte	☐
carote	☐	insalata	☐	petti di pollo	☐
cotolette	☐	macedonia	☐	purè di patate	☐
formaggio	☐	melanzane alla parmigiana	☐	risotto ai funghi	☐
frittata con le zucchine	☐	minestrone	☐	spaghetti	☐
frutta fresca	☐	mozzarella	☐	tortellini in brodo	☐

Ascolta di nuovo il dialogo e segna l'espressione giusta.

Fausto non mangia	il pesce.	☐
	la carne.	☐
	il formaggio.	☐
Gigi non mangia	il pesce.	☐
	la carne.	☐
	il formaggio.	☐
Anna e Gigi	hanno tempo	☐ per cucinare.
	non hanno molto tempo	☐
Anna e Gigi alla fine	sono d'accordo.	☐
	non sono d'accordo.	☐

15 Stasera facciamo ...

Scrivi il menù che consiglieresti a Gigi ed Anna.

Antipasto:

Primo:

Secondo:

Contorno:

Dessert:

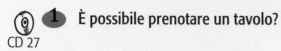

E INOLTRE...

  1 È possibile prenotare un tavolo?

CD 27

■ Ristorante Roma, buongiorno.
▼ Buongiorno. Scusi, è possibile prenotare un tavolo per le otto?
■ Certo. Per quante persone?
▼ Sei, forse sette.
■ D'accordo. E a che nome?
▼ Lochmann.
■ Come, scusi?

▼ Lochmann, elle – o – ci – acca – emme – a – enne – enne.
■ Ah, va bene.
▼ Grazie mille.
■ Prego, si figuri! A più tardi.
▼ Arrivederci.
■ Arrivederci.

| per le otto / per l'una |

  2 L'alfabeto

CD 28

Ascolta e ripeti.

A		E		I		O				lettere straniere
B bi		F effe		L elle		P pi				J i lunga
C ci		G gi		M emme		Q cu				K kappa
D di		H acca		N enne		R erre		U		W doppia vu
						S esse		V vi/vu		X ics
						T ti		Z zeta		Y ipsilon

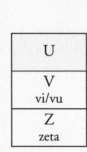 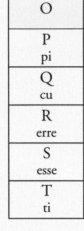 

3 Il personaggio misterioso

CD 29

Ascolta il CD e scrivi le lettere. Avrai i nomi di alcuni italiani famosi.

1. _____ 2. _____ 3. _____ 4. _____

 4 Tavolo riservato

In coppia con un/a compagno/a, prenota telefonicamente un tavolo in un ristorante.
Fai lo spelling del tuo nome (inventato) e poi controlla se il/la tuo/a compagno/a
lo ha scritto bene

E 12·13

Per comunicare

Cosa desidera?/I signori desiderano?
Io prendo un …/Per me un …/Vorrei un …
E da bere?
Un … per cortesia/per favore/per piacere.

Vuole il menù?
No, grazie. Vorrei solo un primo/un secondo.
Sì, grazie.

Desidera ancora qualcos'altro ?
Sì, grazie. Che cosa avete oggi?
No, grazie, va bene così.

Scusi, mi porta ancora mezza minerale/
un po' di pane/un tovagliolo?
E poi il conto, per cortesia.

È possibile prenotare un tavolo?

Grazie mille!
Prego, si figuri!

Grammatica

Articoli determinativi

	maschile		femminile	
	singolare	plurale	singolare	plurale
(davanti a consonante)	**il** gelato	**i** gelati	**la** pizza	**le** pizze
(davanti a vocale)	**l'** antipasto	**gli** antipasti	**l'** insalata	**le** insalate
(davanti a s + consonante)	**lo** spumante	**gli** spumanti		

Il plurale dei nomi

	singolare	plurale
maschile	l'aperitivo	gli aperitivi
	il bicchiere	i bicchieri
femminile	la bevanda	le bevande
	la carne	le carni
ma:	il tè	i tè
	la specialità	le specialità
	il toast	i toast

I nomi maschili in –o ed –e hanno il plurale in –i; i nomi femminili in –a hanno il plurale in –e; i nomi femminili in –e hanno il plurale in –i. Eccezione: tutti i nomi (sia maschili che femminili) con accento sull'ultima sillaba (es. tè, specialità) o che terminano per consonante (es. toast) al plurale rimangono invariati.

no grazie/sì grazie

| *Prende un caffè?* | **No, grazie** |
| *Volete il menù?* | **Sì, grazie** |

bene – buono

Eva parla **bene** l'italiano.
Qui il gelato è molto **buono**.

Bene *è un avverbio e si riferisce sempre ad un verbo (qui si mangia bene, si beve bene);* **buono** *è un aggettivo e si riferisce sempre ad un oggetto.*

Gli interrogativi

(Che) cosa avete oggi?
Quali piatti conoscete?
Per **quante** persone?

Tempo libero

1 **Che cosa fanno?**

Scrivi accanto al disegno il numero corrispondente all'attività.

1. lavorare in giardino   3. leggere   5. cucinare
2. dormire   4. ballare   6. fare sport

x

2 **Di solito faccio sport**

CD 32

■ Che cosa fai nel tempo libero?
▼ Io di solito faccio sport: vado in palestra. E tu?
■ Io invece sto quasi sempre a casa: dormo a lungo, leggo o guardo la TV.

| di solito |
| quasi sempre |

E 1

3 E voi che cosa fate di solito nel tempo libero?

Che cosa fate voi nel tempo libero? Fatevi delle domande.

◆ Che cosa fai/fa nel tempo libero?
▲ Io di solito ... E tu/E Lei ...?

	dormire	andare	giocare	leggere
(io)	dormo	vado	gioco	leggo
(tu)	dormi	vai	giochi	leggi
(lui, lei, Lei)	dorme	va	gioca	legge
(noi)	dormiamo	andiamo	giochiamo	leggiamo
(voi)	dormite	andate	giocate	leggete
(loro)	dormono	vanno	giocano	leggono

andare al cinema

navigare su Internet

giocare a tennis

fare una passeggiata

 E 2

fare la spesa

ascoltare musica

andare in bicicletta

giocare a carte

4 Cerca una persona che ...

Intervista i tuoi compagni. Ad ogni persona puoi fare al massimo due domande.
Vince chi per primo completa la lista.

Tu giochi a tennis nel tempo libero?
Lei gioca a tennis nel tempo libero?

	nome
gioca a tennis	
va in bicicletta	
naviga su Internet	
cucina	
fa sport	

	nome
lavora in giardino	
ascolta musica	
gioca a carte	
fa yoga	
legge il giornale	

CD 33

5 Che cosa fai il fine settimana?

■ Che cosa fai il fine settimana?

▼ Mah, il sabato sera esco sempre con gli amici.
Andiamo spesso in discoteca. E tu, che cosa fai?

■ Anch'io esco con gli amici, ma non andiamo mai
a ballare. Spesso mangiamo una pizza insieme
e qualche volta andiamo al cinema.

E 3

	uscire
(io)	esco
(tu)	esci
(lui, lei, Lei)	esce
(noi)	usciamo
(voi)	uscite
(loro)	escono

sempre
spesso
qualche volta
non ... mai

6 Sempre, spesso o mai?

Scrivi con che frequenza fai queste attività.

fare ginnastica	Non faccio mai ginnastica.
cucinare	
guardare la TV	
mangiare fuori	
andare a teatro	
fare la spesa	
uscire con gli amici	
andare a sciare	

*Confronta le tue frasi con quelle di un/a compagno/a. Ci sono delle attività che fate con
la stessa frequenza? Segnatele e poi riferite a tutta la classe.*

Noi due non andiamo mai in discoteca.

7 **L'italiano per studenti – vuoi corrispondere?**

Leggi i testi e rispondi alle domande.

Nome: Adam
Cognome: Banks
Età: 30
Indirizzo: Liverpool (GB)
E-mail: abanks@yahoo.uk
Professione: insegnante

Descrizione personale: Insegno matematica e studio l'italiano da sei mesi. Nel tempo libero vado in piscina, gioco a calcio, faccio passeggiate, oppure suono il basso o il pianoforte. Amo molto la cucina italiana.

Nome: Erika
Cognome: Reich
Età: 25
Indirizzo: Ungheria (Budapest)
E-mail: ereich@mail.com
Professione: studentessa

Descrizione personale: Sono ungherese e studio economia. Mi piace ballare, viaggiare, andare al cinema. Studio la lingua italiana perché amo l'Italia. Vorrei corrispondere con studenti italiani.

Nome: Jowita
Cognome: Pawowska
Età: 24
Indirizzo: Polonia
E-mail: everde@renet.pl
Professione: impiegata

Descrizione personale: Studio la lingua italiana per lavoro. Vorrei corrispondere con altre persone che imparano l'italiano. Nel tempo libero faccio sport, leggo libri, ascolto musica. Mi piacciono moltissimo le canzoni di Eros Ramazzotti. Vi prego di scrivermi. Grazie.

> giocare a calcio
> suonare il pianoforte

	Adam	Erika	Jowita
Chi lavora?	☐	☐	☐
Chi fa sport?	☐	☐	☐
Chi suona uno strumento?	☐	☐	☐
Chi ama la musica italiana?	☐	☐	☐
Chi viaggia volentieri?	☐	☐	☐
Chi studia l'italiano da poco tempo?	☐	☐	☐
Chi studia l'italiano per lavoro?	☐	☐	☐

Cosa dici

per esprimere un gusto _____

per esprimere un desiderio _____

E 4·5·6

8 Conoscenze via Internet

Anche tu cerchi amici su Internet.
Scrivi una e-mail.

> Mi *piace* leggere.
> Mi *piace* la musica italiana.
> Mi *piacciono* le canzoni italiane.

9 Fra amici

CD 34

Ascolta e completa il dialogo con le parole scritte a destra.

■ Allora, Patrizia, cosa fai domani sera?

▼ Mah, forse vado in discoteca con Guido …

■ Ah, _____ ballare?

▼ Sì, tantissimo. _____ soprattutto i balli sudamericani.

   E tu? Che cosa fai?

■ Domani vado all'opera.

▼ Oddio!

■ Beh, perché?

▼ Io _____ l'opera.

■ Veramente? _____ invece _____ moltissimo.

> piace
>
> Mi piacciono
>
> ti piace   odio
>
> A me

4

Che gusti hanno Patrizia e Silvio?
Forma delle frasi.

E 7

A Patrizia	piace	i balli sudamericani.
A Silvio	non piace →	l'opera.
Patrizia	piacciono	ballare.
Silvio	odia	all'opera.
	va volentieri	in discoteca.

10 Le piace …?

Intervista un compagno. Scopri i suoi gusti.

■ Ti piace/ti piacciono … ?   ◆ No, non molto./No, affatto./No, per niente.
◆ Le piace/Le piacciono … ?   ■ Sì, moltissimo./Sì, molto.

| il rap | Pavarotti | i fumetti | la musica classica | il corso d'italiano | dormire a lungo |

| cucinare | i libri di fantascienza | l'arte moderna | leggere a letto | i film gialli |

11 Anche a me!

Parla ad un compagno dei tuoi gusti e poi chiedi la sua opinione.
Il tuo partner deve esprimere il suo accordo o il suo disaccordo. Poi cambiate i ruoli.

■ A me piace/piacciono … E a te?/E a Lei? ▼ Anche a me./A me invece no.	■ A me non piace/non piacciono … E a te?/E a Lei? ▼ Neanche a me./A me invece sì.

E 8

12 Indovina chi è!

Scrivete su un foglietto le frasi qui sotto e completatele. Raccogliete poi i fogli,
mischiateli e ridistribuiteli. A turno ogni studente legge ad alta voce le frasi ricevute.
Gli altri cercano di indovinare chi ne è l'autore. Chi indovina riceve un punto.

Amo …

Mi piace /mi piacciono (moltissimo) …

Non mi piace /non mi piacciono (per niente) …

Odio …

4

13 I giovani e la discoteca

CD 35

Ascolta l'intervista e segna le informazioni esatte.

Cristian …

abita	→	in discoteca.	☐	a Oderzo.	☐	a Treviso.	☐
il fine settimana	→	lavora.	☐	sta a casa.	☐	va in discoteca.	☐
durante la settimana	→	lavora molto.	☐	non lavora.	☐	lavora poco.	☐

In discoteca

a Cristian piace	→	la musica.	☐	la gente.	☐	ballare.	☐

Monica …

ha	→	22 anni.	☐	23 anni.	☐	32 anni.	☐
lavora come	→	barista.	☐	estetista.	☐	farmacista.	☐
va in discoteca	→	sempre con amici.	☐	sempre da sola.	☐	da sola o con amici.	☐

E 9

E INOLTRE...

 1 Che ora è? Che ore sono?

 CD 36

È l'una.

Sono le due.

Sono le due
e un quarto.

Sono le due
e venticinque.

Sono le due e trenta./
Sono le due e mezza.

Sono le tre
meno venti.

Sono le tre
meno un quarto.

È mezzogiorno.
È mezzanotte.

2 E adesso che ore sono?

Scrivi l'ora.

_____ _____ _____ _____

 3 Scusi, sa che ore sono?

CD 37

Collega l'orologio al dialogo.

☐　　　　　☐　　　　　☐　　　　　☐

E 10·11

 4

Per comunicare

Che cosa fai / fa nel tempo libero?
Di solito faccio sport / guardo la TV / leggo …
Anch'io. / Io invece …

Ti / Le piace la cucina italiana / cucinare?
Ti / Le piacciono i film gialli?
Sì, moltissimo. / Sì, molto. / No, non molto. /
No, per niente.

A me piace l'arte moderna.
Anche a me. / A me invece no.

A me non piace (per niente) la musica classica.
Neanche a me. / A me invece sì.

Studio l'italiano per lavoro / perché amo l'Italia.

Scusi, che ora è? / che ore sono?
È mezzanotte. / È mezzogiorno. / È l'una. / Sono le due.

Grammatica

Avverbi di frequenza

Di solito la sera guardo la TV.
Esco **sempre** con gli amici.
Spesso mangio fuori. / Mangio **spesso** fuori.
Qualche volta vado al cinema.
Non vado **mai** a sciare.

*Mai è sempre unito a **non** con questa costruzione: **non** + verbo + **mai**.*

Preposizioni

Vado **in** palestra / **in** giardino / **in** discoteca / **in** piscina / **in** bicicletta.
Dormo **a** lungo. / Sto **a** casa. / Gioco **a** tennis. /
Vado **a** ballare. / Vado **a** teatro.
Esco **con** gli amici.

Attenzione alla preposizione unita all'articolo:
vado **al** cinema / vado **all'**opera
al = a + il
all' = a + l'

Preposizioni di luogo

Sono **in** palestra. / Vado **in** palestra.
Sono **a** casa. / Vado **a** casa.
Sono **al** cinema. / Vado **al** cinema.

In italiano si usano le stesse preposizioni con i verbi di stato e con i verbi di movimento.

Pronomi indiretti singolari (tonici e atoni)

	atoni
	mi piace sciare.
(Non)	**ti** piace il corso d' italiano?
	Le piace navigare su Internet?
	tonici
A me (non) piace sciare.	
A te (non) piace il corso d'italiano?	
A Lei (non) piace navigare su Internet?	

*In italiano ci sono pronomi indiretti atoni (**mi, ti, Le**) e tonici (**a me, a te, a Lei**). Questi vanno sempre prima del verbo. La negazione **non** si mette prima dei pronomi atoni e dopo i pronomi tonici.*

A me non piace sciare. E **a te**?

Il pronome tonico si usa quando si vuole mettere in risalto un complemento o un'azione e per rilanciare una domanda.

Gli interrogativi

Perché studi l'italiano?

4

In albergo

1 Che cosa significa?

Collega le parole ai disegni.

frigobar ☐   bagno ☐   parcheggio ☐

camera singola ☐   cani ammessi ☐

doccia ☐   camera matrimoniale ☐

2 L'albergo ideale

Leggi le descrizioni degli alberghi e rispondi alle domande di pag. 47.

Firenze

Residenza Apostoli
Borgo Santi Apostoli, 8
50123 FIRENZE
Tel. 055/288 432 Fax 055/268 790

In posizione ottimale per visitare
la città a piedi e fare compere in
centro. 10 camere doppie o matri-
moniali, 1 tripla e 1 singola, tutte
con bagno e aria condizionata.
Bambini sotto i due anni gratis.
Doppia   € 120
Singola   € 114
Tripla   € 145

Villa Carlotta
Via Michele di Lando, 3
50125 FIRENZE
Tel. 055/233 6134 Fax 055/2336147

Tra il Giardino di Boboli e Palazzo
Pitti. 32 camere con bagno o doccia,
telefono, TV e frigobar. Giardino.
Ristorante. Cucina toscana e inter-
nazionale. Parcheggio privato.
Cani ammessi.
Camera Doppia   € 240
Camera Singola   € 170

Istituto suore di
Santa Elisabetta
Viale Michelangiolo, 46
50125 FIRENZE
Tel. 055/68 118 84

Elegante villa in un quartiere
residenziale. 35 camere singole,
doppie e triple, alcune con bagno.
Colazione compresa. € 30 a
persona. Orario di rientro: ore
22.00. Parcheggio, sala TV, sala
riunioni, cappella. Aperto tutto
l'anno.

Qual è l'albergo ideale per ...

una vacanza economica?
chi ha un cane?
chi ha bambini?
chi ama la cucina tipica?

Vuoi passare tre o quattro giorni a Firenze.
Quale albergo preferisci? Perché?

Preferisco l'hotel ... perché

non è caro. ☐   è possibile portare animali. ☐

è tranquillo. ☐   ha il ristorante. ☐

è in centro. ☐   ha l'aria condizionata. ☐

ha il parcheggio. ☐   ....

Confronta le risposte con quelle di un compagno.

■ Io preferisco l'hotel ... E tu/E Lei?
▼ Io invece preferisco l'hotel ...

■ Io preferisco l'hotel ... E tu/E Lei?
▼ Anch'io.
■ Ah, bene. E perché?
▼ Perché ...

3 **Una prenotazione**

40
Ascolta la telefonata e completa il questionario.

La signora Cipriani desidera   una camera singola. ☐
                                    una camera doppia. ☑

Prenota la camera   per due notti. ☑   La camera viene   112 euro. ☐
                    per tre notti. ☐   120 euro. ☑

Nel prezzo   è compresa   ☑   la colazione.   L'albergo   ha il garage.   ☐
             non è compresa   ☐   non ha il garage.   ☑

Per la conferma il receptionist desidera   un fax.   ☑
                                            il numero della carta di credito. ☐

Riascolta e completa il dialogo.

■ Albergo Torcolo, buongiorno.
◆ Buongiorno. Senta, avete una _____ _____
  per il prossimo fine settimana?
■ Un attimo, prego. Dunque ... beh,
  c'è una matrimoniale. Va bene lo stesso?
◆ Sì.
■ E ... da venerdì o da sabato?
◆ Per _____ notti. Da venerdì a domenica.
■ D'accordo. E a che nome, scusi?
◆ Cipriani.
■ Ci ... pria ... ni. Perfetto.
◆ Sì, un momento però, ho ancora una domanda. Quanto viene la camera?
■ _____ euro, _____ la colazione.
◆ Benissimo. Un'ultima informazione. Avete il garage?
■ _____, signora, mi dispiace, ma ci sono due parcheggi qui vicino.
◆ Ah, va bene. ... La ringrazio. A venerdì allora.
■ Sì, ... ma scusi ... ancora una cosa, signora: per la conferma può mandare un _____?
◆ Certo, anche subito, se vuole.
■ Perfetto. Allora grazie e arrivederLa.
◆ Prego. ArrivederLa.

	potere
(io)	posso
(tu)	puoi
(lui, lei, Lei)	può
(noi)	possiamo
(voi)	potete
(loro)	possono

C'è una camera matrimoniale.
Ci sono due parcheggi.

Trova l'espressione adatta. Confronta poi con un/a compagno/a.
Cosa si dice per...

chiedere se c'è una camera libera? _____

chiedere il prezzo della camera? _____

chiedere ancora qualcosa? _____

ringraziare? _____

5

4 **Forma delle frasi**

La camera	prenota	120 euro.
La signora	non c'è	due parcheggi.
Nell'albergo	può mandare	la colazione.
Nel prezzo	ci sono	una camera per due notti.
Qui vicino	è compresa	un fax?
Per la conferma	viene	il garage.

E 1·2

5 **Avete una camera ...?**

In coppia fate il dialogo in base alle seguenti indicazioni.

A = Receptionist all'albergo Genzianella

A risponde al telefono

A chiede: con o senza bagno?

A dice che va bene

A risponde di sì

A dice il prezzo e aggiunge che
la colazione è inclusa

A chiede a che nome è la prenotazione

A scrive la prenotazione e chiede
una conferma per fax

A ringrazia e saluta

B = Cliente

B chiede una camera singola per tre notti da
mercoledì

B risponde

B chiede se l'albergo ha un garage

B chiede il prezzo della camera

B è d'accordo

B risponde

B risponde di sì

B saluta

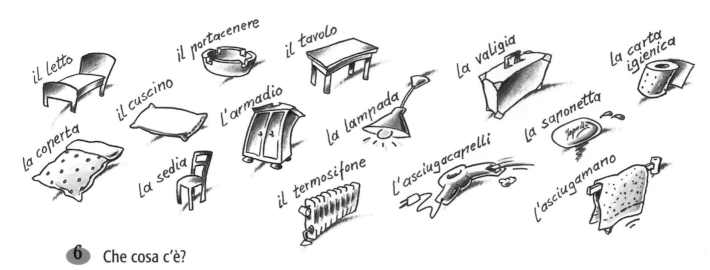

6 Che cosa c'è?

Osserva il disegno per 30 secondi, poi chiudi il libro.
Che c'è nella stanza? Ti ricordi i nomi degli oggetti in italiano?

nella camera
nella = in + la

E 3·4

Nella camera c'è ... , ci sono ...

7 Avrei un problema

CD 41

a. *Una signora telefona alla reception di un albergo.*
Ascolta la telefonata.

■ _____

▼ Buona sera. Senta, chiamo dalla camera 128. Avrei un problema.

■ _____

▼ Eh, nel bagno c'è il riscaldamento che non funziona.

■ _____

▼ Grazie. E poi ancora una cosa: è possibile avere un altro cuscino?

■ _____

▼ Grazie mille.

■ _____

b. *Completa il dialogo con le frasi del portiere.*

Viene subito qualcuno a controllare.
Reception, buona sera.
Prego, si immagini!
Dica, signora.
Certo, signora.

c. *Riascolta il dialogo e controlla.*

D 42

	venire
(io)	vengo
(tu)	vieni
(lui, lei, Lei)	viene
(noi)	veniamo
(voi)	venite
(loro)	vengono

dalla = da + la
nel = in + il

8 Problemi, problemi ...

Guarda i disegni: che cosa dici in questi casi? Forma delle frasi con le parole della lista.

Qui non è possibile   Il televisore   chiudere bene la finestra.

gli asciugamani.

Nel bagno non ci sono   Posso avere   non funziona.   l'acqua calda.

E 5·6·7

Manca   È possibile   ancora una coperta?   avere un portacenere?

9 Un cliente scontento

Lavorate in coppia. A è il cliente, B è il receptionist. Nella stanza di A manca o non funziona qualcosa.
Preparate un dialogo e presentatelo alla classe.

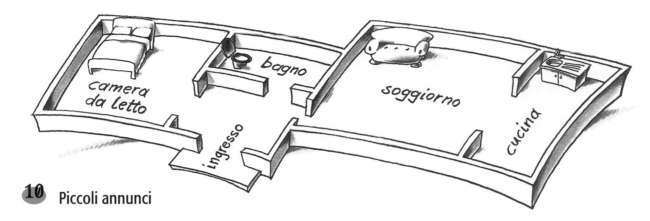

10 Piccoli annunci

CASE E APPARTAMENTI

ARMA DI TAGGIA (Sanremo) Offro bilocale centrale, 4° piano, ascensore, riscaldamento autonomo, vicino a negozi, fermate bus e lungomare. Posto auto. Tel. 0368-7387646

CORTINA (BL) In febbraio affitto appartamento situato in zona centrale, ben arredato e con ogni comfort, 2/4 posti letto. Prezzo interessante. Tel. 0435/400494 ore pasti

BORDIGHERA (IM) Affitto appartamento 5 posti letto, TV, lavatrice, ascensore, 600 € mensili marzo o aprile. Tel. 0172-421279, oppure 0338-8808480

SARDEGNA CALA DI PLATAMONA (SS) a 50 metri dal mare, appartamento 50mq con ingresso indipendente. Affitto da maggio a ottobre, anche settimane. Tel. 079 - 515102

FORTE DEI MARMI – Da giugno a settembre affitto villino con vista sul mare, grande soggiorno con balcone, 3 camere da letto, doppi servizi, garage e giardino. Tel. 0335- 5934567

Cerca negli annunci le parole corrispondenti a ...

Appartamento con due locali • Strada vicino al mare •
Piccola villa • Due bagni

> dal = da + il
> sul = su + il

Sottolinea negli annunci i nomi dei mesi e completa la lista.

GENNAIO _____ _____   _____ _____ _____

LUGLIO   AGOSTO   _____   _____   NOVEMBRE   DICEMBRE

Scrivi i numeri ordinali nell'ordine giusto.

decimo • nono • ottavo • quarto • quinto • secondo • sesto • settimo • terzo

E 8·9
10

1° primo   2° _____   3° _____   4° _____   5° _____
6° _____   7° _____   8° _____   9° _____   10° _____

11 In vacanza in Italia

Vuoi prendere in affitto un appartamento in Italia. Quale degli annunci dell'attività 10 è interessante per te? Discuti con un/una compagno/a.

◆ A me piace l'appartamento di Cortina.
▲ Perché?
◆ Perché ha ogni comfort/perché è in una zona centrale/perché mi piace sciare/perché amo la montagna ...

12 In vacanza, ma non in albergo

Ascolta la telefonata e rispondi alle domande.

Quanti posti letto ci sono nell'appartamento?
In che mese vuole andare in vacanza la signora?
Quanto viene l'appartamento per due settimane?

L'appartamento è libero per tutto il mese di agosto?
Nell'appartamento c'è la lavatrice?
Ci sono problemi per il parcheggio?

Ascolta ancora la telefonata.
A quale annuncio dell'attività 10 è interessata la signora?

13 Una lettera dalle vacanze

Completa la lettera.

```
Cara Maddalena,
Sono qui in Sar_____ con Piero e Carletto per due _____mane.
Abbiamo un app_____ in affitto molto carino e a pochi metri
dal m___. Non è gr__de, ma è molto comodo. C'è un soggiorno con
un balc___ e una bella __mera da letto. Anche i padroni di casa
abitano qui, ma noi abbiamo un ingr____ indipendente.
Torniamo a Torino il 4 settem___.
Tanti cari saluti
   Eva
```

14 Saluti da ...

Anche tu hai preso un appartamento o una casa in affitto. Scrivi una breve lettera ad amici in Italia e descrivi il tuo alloggio.

E INOLTRE...

CD 44

1 I numeri da 100 in poi

100	cento	101	centouno	112	centododici
200	duecento	250	duecentocinquanta	290	duecentonovanta
800	ottocento	900	novecento	933	novecentotrentatré
1.000	mille	2.000	duemila	10.000	diecimila
1.000.000	un milione	2.000.000	due milioni		
1.000.000.000	un miliardo	2.000.000.000	due miliardi		

2 Qual è il numero seguente?

Leggete i numeri. Il primo studente legge il numero più piccolo,
gli altri continuano leggendo i numeri in ordine crescente.

601	3.564	215	7.500	10.000	576	8.217	39.766
2.995	125	1.950	735	457.925	54.150	268	42.509

3 La data

Leggi i testi. Come si scrive la data in italiano?
Ci sono delle differenze nella tua lingua?

Peschici 5/10/2000

Un caro saluto

      Paolo

Milano, 1° marzo 2001

Confermo la prenotazione
telefonica di una camera
singola con bagno dal 10
al 12 marzo.
Distinti saluti

      Giorgio Calò

- Che giorno è oggi?
- Martedì.

- Quanti ne abbiamo?
- È il 21.

5/10/2000 = cinque ottobre duemila
1° marzo 2001 = primo marzo duemila(e)uno

E 11·12
13

Per comunicare

Senta, avete una camera doppia per il prossimo fine settimana?

Quanto viene la camera?
120 euro, compresa la colazione.

Avete il garage/l'aria condizionata in camera?
Sì, certo.

Scusi, è possibile portare animali/pagare
con la carta di credito/avere un'altra coperta?
No, mi dispiace.

Avrei un problema: qui c'è il riscaldamento/la doccia che non funziona.

Avrei un problema: qui manca un cuscino/mancano gli asciugamani.

Grazie mille.
Prego, si immagini!

Grammatica

c'è – ci sono

C'è un parcheggio qui vicino?
Ci sono due camere libere per domani?

*C'è si usa con nomi al singolare, **ci sono** con nomi al plurale.*

Preposizioni di tempo

Vorrei prenotare **da** venerdì sera.
Affitto un appartamento **da** maggio **a** giugno.

Numeri ordinali

Il primo, il secondo, il terzo, il quarto, il quinto,
il sesto, il settimo, l'ottavo, il nono, il decimo

I numeri ordinali sono aggettivi, perciò concordano in genere e numero con la persona o la cosa cui si riferiscono:
la seconda camera, il terzo piano, la quinta settimana ...

Gli interrogativi

Quanto viene la camera ?

Preposizioni articolate

+	il	lo	l'	la	i	gli	le
di	del	dello	dell'	della	dei	degli	delle
a	al	allo	all'	alla	ai	agli	alle
da	dal	dallo	dall'	dalla	dai	dagli	dalle
in	nel	nello	nell'	nella	nei	negli	nelle
su	sul	sullo	sull'	sulla	sui	sugli	sulle

In italiano le preposizioni di, a, da, in, su si uniscono all'articolo determinativo formando una sola parola.

La data

Quanti ne abbiamo oggi? – È il 21 (ventuno).
Che giorno è oggi? – Martedì.

Per la data si usano i numeri cardinali. Solo con il primo giorno del mese si usa il numero ordinale:
1° giugno = il primo giugno
La data nelle lettere si scrive così:
Genova, 3 settembre 2001 *o* Genova, 3/9/2001

5

Facciamo il punto

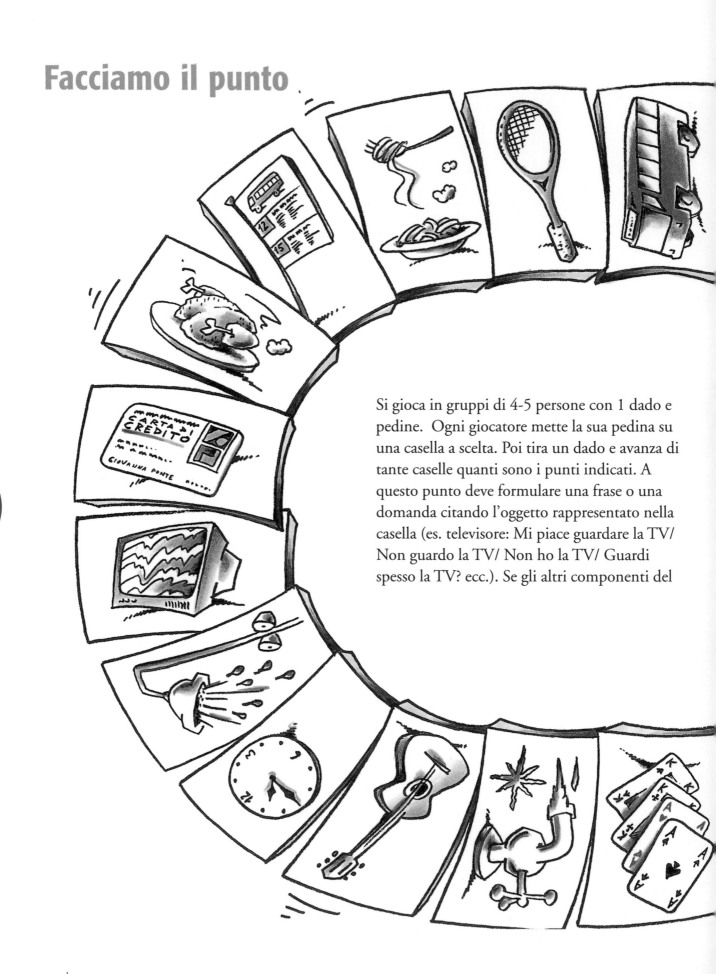

Si gioca in gruppi di 4-5 persone con 1 dado e pedine. Ogni giocatore mette la sua pedina su una casella a scelta. Poi tira un dado e avanza di tante caselle quanti sono i punti indicati. A questo punto deve formulare una frase o una domanda citando l'oggetto rappresentato nella casella (es. televisore: Mi piace guardare la TV/ Non guardo la TV/ Non ho la TV/ Guardi spesso la TV? ecc.). Se gli altri componenti del

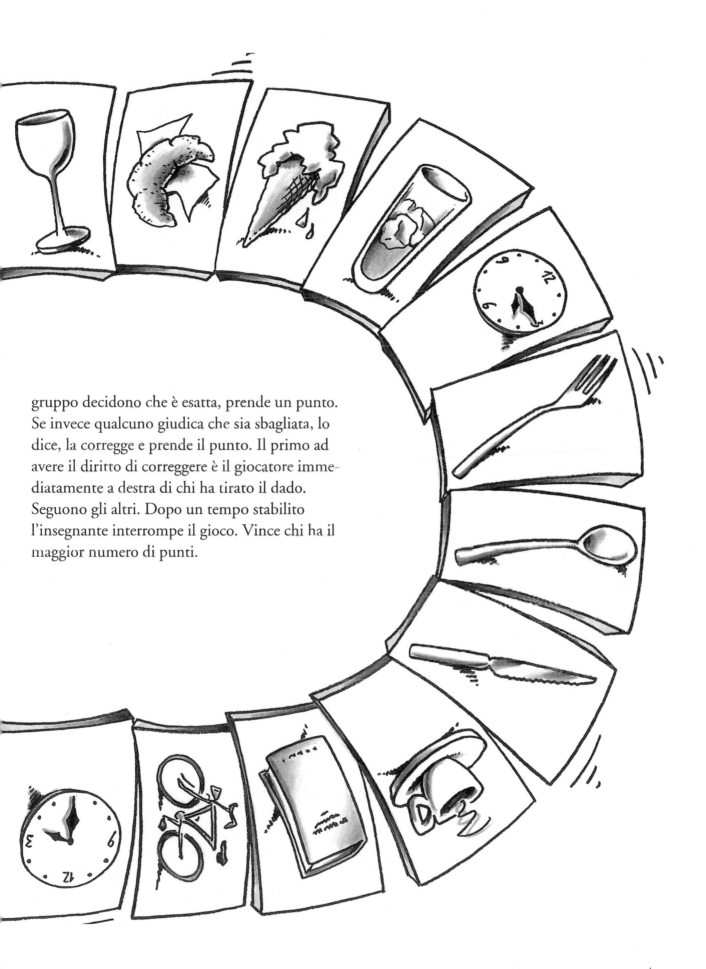

gruppo decidono che è esatta, prende un punto. Se invece qualcuno giudica che sia sbagliata, lo dice, la corregge e prende il punto. Il primo ad avere il diritto di correggere è il giocatore immediatamente a destra di chi ha tirato il dado. Seguono gli altri. Dopo un tempo stabilito l'insegnante interrompe il gioco. Vince chi ha il maggior numero di punti.

In giro per l'Italia

1 Il Bel Paese

Guarda queste foto. A quali città pensi?
Conosci altre città italiane?
C'è una città o un paese che ancora non conosci e che desideri tanto vedere?

2 Fra colleghi

CD 46

■ Lei va spesso a Padova, vero?

▼ Sì, ci vado spesso perché ho dei clienti lì.

■ Ah, e com'è la città?

▼ Ah, a me piace molto. Ci sono tante cose da vedere ...

■ Ah, sì?

▼ Sì, le tre piazze del mercato, l'università, delle chiese famose, dei musei, spesso anche delle mostre interessanti ...

■ Ah, bene.

▼ Sì ... e poi ci sono teatri, cinema, negozi eleganti, ristoranti tipici, ...

■ Perfetto! Senta, conosce anche un albergo tranquillo in centro? Sa, a Pasqua vorrei andare proprio a Padova ...

▼ Beh, guardi, io vado sempre al Leon Bianco. È proprio nella zona pedonale. Vuole l'indirizzo?

■ Sì, volentieri.

3 Completa

Il signor Marra conosce bene Padova. _____ va spesso perché ha _____ clienti lì. In questa città ci sono _____ cose da vedere: l'università, _____ chiese famose, _____ musei, _____ mostre interessanti. A Padova il signor Marra va sempre in _____ albergo nella zona pedonale.

> **Ci** vado spesso. =
> Vado spesso **a Padova**.

E 1

4 Che cosa è?

Collega le frasi alle foto.

1.

2.

3.

4.

5.

6.

a. È una zona industriale.
b. È un mercato famoso.
c. Sono edifici moderni.
d. È una grande piazza.
e. Sono palazzi antichi.
f. È un piccolo paese.

una chiesa famosa	**delle** chiese famose
un ristorante tipico	**dei** ristoranti tipici
un albergo tranquillo	**degli** alberghi tranquilli
una mostra interessante	**delle** mostre interessanti
un negozio elegante	**dei** negozi eleganti

E 2·3

5 **Ci sono dei palazzi antichi?**

A e B segnano, ognuno sul proprio foglio, cinque cose che si trovano nelle "loro città". A
fa delle domande a B per scoprire quali oggetti ha segnato e, a seconda delle risposte,
scrive sì o no vicino agli oggetti. Poi fa B le domande. Vince chi ha meno no sul foglio.

■ In questa città ci sono dei palazzi antichi? ▼ Sì./No.
▼ In questa città c'è un castello famoso? ■ Sì./No.

Studente A

palazzi antichi	castello famoso	torre famosa	museo interessante
negozi eleganti	chiese antiche	teatro importante	edifici moderni
trattorie tipiche	mostre interessanti	piazze famose	ristoranti tipici

Studente B

palazzi antichi	castello famoso	torre famosa	museo interessante
negozi eleganti	chiese antiche	teatro importante	edifici moderni
trattorie tipiche	mostre interessanti	piazze famose	ristoranti tipici

6 **La mia città**

Come è la città dove abiti? Che cosa c'è da vedere?
Come descriveresti la tua città in un dépliant pubblicitario?

... è una città ...
C'è un/una ...
Ci sono dei/delle/degli/tanti/tante ...

Una lettera da Bologna

Leggi la lettera e poi completa le frasi.

Caro Roberto,   Bologna, 29 maggio

sono qui a Bologna per frequentare un corso di restauro.
La città è un po' rumorosa, ma molto vivace e inoltre
ci sono tante cose interessanti da vedere, per esempio
la Basilica di San Petronio, le due Torri o Piazza
Maggiore. Qui c'è sempre qualcosa da fare: quando non
frequento le lezioni vado a vedere una mostra, un museo
o una chiesa. La sera vado a teatro o al cinema o faccio
una passeggiata per le strade del centro e guardo le
vetrine dei negozi. Da Bologna poi posso visitare molti
altri posti nei dintorni. Domani vado a Modena e il
fine settimana a Ferrara per vedere il Castello degli
Estensi. Insomma, un vero e proprio soggiorno culturale.
Tanti cari saluti e ... a presto!

Michael

6

Bologna è _____

A Bologna ci sono _____

Quando non va a lezione Michael _____

_____

La sera Michael _____

Da Bologna Michael _____

E 4·5

> La città è **molto vivace.**
> Posso visitare **molti posti.**

8 **Una cartolina da ...**

Sei in vacanza. Scrivi una cartolina a un amico italiano e descrivi il posto dove sei e cosa è possibile visitare o fare.

9 Alla fermata dell'autobus

CD 47

■ Mi scusi, sa che autobus va in centro?

▼ Dunque … il 12 o il 32.

■ Grazie. E sa se c'è una fermata
vicino al terminal delle autocorriere?

▼ Beh, il 12 ferma davanti alla stazione
e il terminal è lì a due passi.

■ Bene … grazie. Ah, mi scusi ancora una domanda.
A quale fermata devo scendere?

▼ Alla quarta o alla quinta, credo. Ma è meglio
se chiede ancora una volta in autobus.

■ Grazie mille.

▼ Prego.

E 6·7

Completa con le preposizioni.

L'autobus numero 12 va _____ centro.

La turista vuole andare _____ terminal _____ autocorriere.

La fermata è davanti _____ stazione.

La turista deve scendere _____ quarta o _____ quinta fermata.

	dovere	**sapere**
(io)	devo	so
(tu)	devi	sai
(lui, lei, Lei)	deve	sa
(noi)	dobbiamo	sappiamo
(voi)	dovete	sapete
(loro)	devono	sanno

6

10 Dove devo scendere?

In coppia, ripetete il dialogo 9 sostituendo a terminal delle autocorriere *e a* stazione *i seguenti posti:* duomo, museo archeologico,
teatro comunale, chiesa di S. Giovanni, posta centrale,
biblioteca comunale, università.
Variate anche il numero *dell'autobus e la* fermata.

> andare in centro
> andare al duomo
> scendere alla … fermata

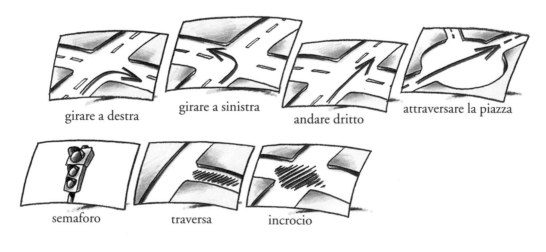

girare a destra   girare a sinistra   andare dritto   attraversare la piazza

semaforo   traversa   incrocio

11 Alla reception

Copri il testo, ascolta il dialogo e segna sulla cartina come arrivare alla pizzeria.

■ _____, è ancora possibile cenare
qui in albergo?

▼ No, _____, a quest'ora la cucina
è già chiusa.

■ Ah, capisco. _____! _____
c'è un ristorante ancora aperto qui vicino?

▼ Beh, c'è il Pe Pen, una pizzeria
che chiude verso mezzanotte.

■ _____. E dov'è?

▼ In via Roma. Sa dov'è?

■ _____ no.

▼ Dunque, Lei esce dall'albergo, va subito
a destra, continua dritto, attraversa una
piazza e va ancora avanti. Alla prima, no no
anzi alla seconda traversa, gira a sinistra e lì,
proprio accanto al cinema Astra, c'è la pizzeria.

Riascolta il dialogo e inserisci le seguenti espressioni.

Peccato   Sa se   Veramente
Ah, va bene   mi dispiace   Mi scusi

> **C'è un** ristorante qui vicino?
> **Dov'è il** ristorante?

E 8

*Leggi il dialogo con un partner, prima con e poi senza le espressioni inserite.
Che cosa cambia?*

12 Dov'è ...?

A *legge la descrizione del percorso;* **B** *la segue sulla cartina in alto a destra e cerca di
scoprire il numero della banca. Poi legge* **B** *la seconda descrizione ed* **A** *cerca di scoprire
sulla cartina il numero della stazione.*

■ Lei esce dall'albergo, va dritto fino al terzo incrocio, poi gira a destra, va dritto
fino a un semaforo, poi gira a sinistra e subito dopo c'è la Cassa di Risparmio.

▲ Lei esce di qui, va subito a destra, arriva fino al primo incrocio e gira a sinistra,
va avanti e al primo incrocio gira a destra e lì c'è la stazione delle autocorriere.

13 Dov'è l'ufficio postale?

E 9·10
11·12

La chiesa è	di fronte al supermercato.
L'ufficio postale è	accanto alla banca.
Il distributore è	davanti alla scuola.
Il parcheggio è	all'angolo.
Il bar è	fra il museo e il teatro.
La fermata dell'autobus è	dietro la stazione.

14 Scusi, …

A *legge questa pagina.* **B** *la pagina 110. A turno, si domandano informazioni sui posti che cercano.*

A Sei davanti alla stazione e cerchi

1. un supermercato   3. l'hotel Europa
2. una libreria   4. il cinema Lux

■ Scusi, c'è un/a … qui vicino?
  Scusi, sa dov'è il/la/l' …?
▼ Sì, Lei va …, gira …

15 Un turista a Parma

CD 49

Un turista è vicino al duomo (n. 3) e vuole andare al Palazzo Ducale. Domanda a una passante un'informazione. Ascolta il dialogo e segna con una crocetta la risposta esatta.

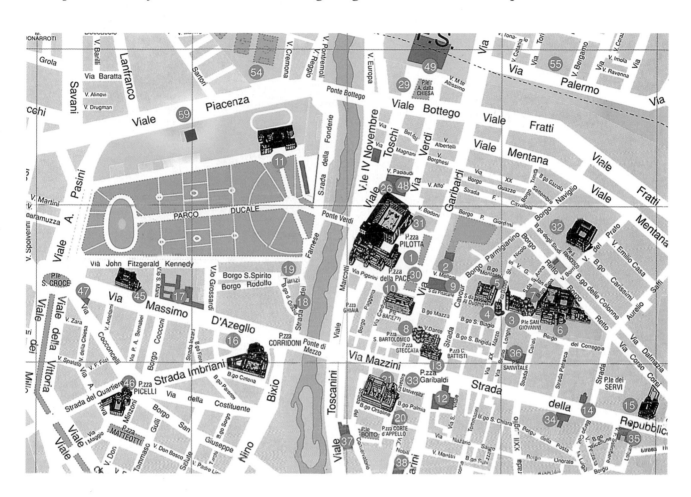

Il Palazzo Ducale	è vicino al Duomo.	☐
	è un po' lontano dal Duomo.	☐
Il turista va	in autobus.	☐
	a piedi.	☐
Il turista deve attraversare	prima una piazza e poi un ponte.	☐
	prima un parco e poi un ponte.	☐
Guarda la cartina.	al numero 32.	☐
Il turista deve arrivare	al numero 11.	☐

Ascolta ancora il dialogo e collega le frasi del turista con quelle delle due passanti.

1. Sa dov'è il Palazzo Ducale?
2. Allora, scusi tanto.
3. La ringrazio molto.

a. Non c'è di che.
b. No, mi dispiace, non lo so. Non sono di qui.
c. Prego, si figuri.

E INOLTRE...

1 A che ora?

Collega i dialoghi ai disegni.

1. ■ Scusi, a che ora parte il prossimo autobus
   per Montecassino?
   ▼ All'una e mezza.

2. ■ Quando arriva il treno da Perugia?
   ▼ Alle 18.32.

3. ■ A che ora comincia l'ultimo spettacolo?
   ▼ Alle 22.15.

4. ■ A che ora chiude il museo?
   ▼ A mezzogiorno.

2 E da voi?

*In piccoli gruppi confrontate questi orari
con quelli della vostra città. Ci sono differenze?*

> A che ora?
> A mezzogiorno / a mezzanotte
> All'una
> Alle 18.30

ORARIO LIBRERIA:
LUN. 1430 - 1930
DA MART. A SAB: 900 1930
(VEN. APERTO TUTTO L'ANNO
FINO ALLE 2230)
DOMENICA CHIUSO
BENVENUTI !!

FINA *per Voi* FINA
ORARIO DI APERTURA
MATTINO
DALLE POMERIGGIO ALLE
CHIUSO
Services
24/24
Bar
Shop
Car Wash

ORARIO FARMACIA

	Mattino
Ore	8.30- 12.15
	Pomeriggio
Ore	15.30-19.15

Cassa Rurale
Alta Val di Fiemme

Orario di Sportello

dal Lunedì al Venerdì	08.05 - 13.00
	14.30 - 16.00

Sabato Chiuso

E 13·14

Per comunicare

Com'è la città?
Ci sono tante cose da vedere: delle chiese famose, dei musei, delle mostre interessanti …

E a quale fermata devo scendere?
Alla prima/seconda/terza …

Dov'è la fermata dell' autobus/l'ufficio postale …?
In via Roma/di fronte al supermercato …

C'è un ristorante/una banca … (qui vicino)?
Sì, Lei adesso gira a destra/a sinistra/continua dritto…
Mi dispiace, non lo so. Non sono di qui.

Grazie mille.
Non c'è di che.

A che ora comincia lo spettacolo?
A mezzogiorno/alle due.

Grammatica

Il partitivo (l'articolo indeterminativo al plurale)

A Padova ci sono **dei** musei, **degli** alberghi, **delle** chiese …

Il plurale dell'articolo indeterminativo un, uno, ecc. si fa con la preposizione di + gli articoli determinativi (il, lo, ecc.). Questa forma si chiama partitivo e serve ad indicare una quantità indefinita.

Ci

Vai spesso a Padova?
Sì, **ci** vado spesso.

Ci sostituisce il luogo (in questo caso: a Padova).

Concordanza degli aggettivi con i sostantivi

	singolare	plurale
maschile	un museo famos**o**	dei musei famos**i**
	un museo interessant**e**	dei musei interessant**i**
femminile	una chiesa famos**a**	delle chiese famos**e**
	una zona interessant**e**	delle zone interessant**i**

Gli aggettivi in –o (in –a al femminile) hanno la desinenza –i al plurale (-e per i sostantivi femminili). Gli aggettivi in –e hanno la desinenza –i sia al maschile che al femminile.

Gli interrogativi

Quando arriva il treno da Perugia?
A **quale** fermata devo scendere?

Aggettivi in -co/-ca

palazzo an**ti**co	palazzi an**ti**chi
ristorante **ti**pico	ristoranti **ti**pici
chiesa an**ti**ca	chiese an**ti**che
trattoria **ti**pica	trattorie **ti**piche

Gli aggettivi in -ca hanno il plurale in -che. Gli aggettivi in -co hanno il plurale in -chi, se hanno l'accento sulla penultima sillaba e in –ci se hanno l'accento sulla terz'ultima sillaba.

Molto

La città è **molto** vivace.
A me piace **molto**.
Ci sono **molti** posti da vedere.
Ci sono **molte** belle piazze.

Molto avverbio (in combinazione con un aggettivo o un verbo) è invariabile; molto aggettivo (cioè quando viene prima di un nome) concorda in numero e genere con il nome a cui si riferisce.

C'è un … ? – Dov'è il …?

C'è un ristorante qui vicino?
Dov'è il ristorante «Al sole»?

C'è un/ una/ uno ….? si usa per chiedere se vicino a chi parla si trova una certa cosa.
Dov'è il/ la … ? si usa per chiedere dove si trova qualcosa di preciso.

Andiamo in vacanza!

1 Tante idee per partire

LAGO DI GARDA E ARENA DI VERONA – viaggio in autobus – sei pernottamenti in hotel ★★★ con piscina a Bardolino – 2 spettacoli – a Verona visita guidata – partenze tutti i martedì

a. e le domeniche

ASSISI – settimana di meditazione in convento – pensione completa – passeggiate in montagna e nei dintorni – a scelta corsi di

b. restauro libri

LOMBARDIA IN BICI – da Milano a Milano con soste e visite guidate a Pavia, Vigevano, Cremona e Parma – tappe giornaliere di circa

c. 40 km – serate gastronomiche

CLUB VALTUR SICILIA – voli giornalieri da Roma e da Milano – alloggio in bungalow a pochi metri dal mare – pensione completa –

d. animazione – tennis – diving – servizio baby sitting

MONTEGROTTO TERME – settimana in centro benessere – reparto cure – idroterapia termale – fangoterapia – massaggi – sauna e ginnastica –

e. diete

CORVARA (BZ) – mezza pensione in albergo a gestione familiare – cucina tipica – escursioni

f. sulle Dolomiti con guida alpina – minigolf

Qual è la vacanza ideale per una persona che ...

non sta bene e desidera fare qualcosa per il proprio corpo? ☐
va volentieri in montagna e ama la cucina tradizionale? ☐
è stressata, odia i posti dove c'è molta gente e ama il silenzio e la natura? ☐
è dinamica, sportiva e ha un bambino? ☐
ama l'arte e l'opera, ma desidera anche passare alcuni giorni in assoluto relax? ☐
è molto sportiva e ama la buona cucina? ☐

2 Una settimana a ...

Quale di queste offerte preferisci per una vacanza di una settimana? Perché?

3 Leggi le cartoline

Bolzano è proprio interessante! Oggi ho passato una giornata molto intensa e non ho avuto un momento libero: prima sono andata a vedere il museo di Ötzi, poi ho pranzato in un ristorante tipico. Il pomeriggio ho visitato Merano e dopo cena sono stata al cinema. Adesso ti saluto e vado subito a letto. Ciao. Tua Daniela

Sig. Lucio Pantani

Via Cimitero, 5

95019 Zafferana (CT)

Sono a Stromboli per il fine settimana. Ieri sono salito sul cratere e la sera ho dormito all'aperto. Uno spettacolo indimenticabile. Stamattina sono stato tutto il tempo in spiaggia e il pomeriggio ho fatto un giro in barca. Ho passato due splendide giornate! Stasera torno a Messina e domani purtroppo al lavoro! Baci.
Davide

Gentile Sig.ra

Ada Bertani

Via Zanardi, 1

40131 Bologna

tutto il tempo

passare	→	ho passato
avere	→	ho avuto
dormire	→	ho dormito
fare	→	ho fatto
essere	→	sono stato/-a
andare	→	sono andato/-a

4 Completa

Che cosa scrive Daniela?

_____ _____ una giornata intensa

non __ _____ un momento libero

_____ _____ in un ristorante tipico

_____ _____ Merano

_____ _____ a vedere il museo di Ötzi

_____ _____ al cinema

Che cosa scrive Davide?

_____ _____ due splendide giornate

_____ _____ all'aperto

_____ _____ un giro in barca

_____ _____ sul cratere

_____ _____ in spiaggia

E 1·2·3
4·5

5 Che cosa hanno fatto?

Giacomo e Serena hanno passato una breve vacanza in due posti diversi.
Ognuno racconta quello che ha fatto (per il passato prossimo di questi verbi, vedi la lista a pag. 70).

Giacomo

essere al lago di Garda · cercare un campeggio · montare la tenda · fare surf · mangiare una pizza · fare un giro in bicicletta · tornare al campeggio · fare la doccia · preparare qualcosa da mangiare · andare in discoteca

Serena

essere a Venezia · cercare un albergo · andare in vaporetto a Piazza S. Marco · visitare la basilica · fare fotografie · mangiare qualcosa in un bar · dormire un poco · andare a vedere una mostra · incontrare un'amica · cenare insieme a lei

Giacomo racconta: Io sono stato al lago di Garda. Prima ... poi ...
a mezzogiorno ... il pomeriggio ... la sera ...
Serena racconta: Io invece ...

Ora racconta cosa hanno fatto Giacomo e Serena.

Lui è stato al lago di Garda ... Lei ...

6 Bingo

Chi ha svolto una di queste attività la scorsa estate? Potete fare solo una domanda a persona. Quando trovate qualcuno, scrivete il suo nome nella casella corrispondente all'attività svolta. Vince il primo che riempie 4 caselle in diagonale, in orizzontale o in verticale.

■ Nelle ultime vacanze hai/
ha fatto delle fotografie?
▲ Sì./No.

fare delle fotografie	pranzare in un ristorante tipico	stare in un campeggio	visitare dei musei
_____	_____	_____	_____
andare al cinema	andare in montagna	fare un viaggio in bicicletta	essere al mare
_____	_____	_____	_____
guardare la TV	affittare un appartamento	andare a vedere una mostra	fare sport
_____	_____	_____	_____
fare un corso d'italiano	dormire a lungo	restare a casa	giocare a tennis
_____	_____	_____	_____

7 Saluti da ...

Sei fuori città per il fine settimana. Il secondo giorno scrivi una cartolina
ad un amico. Racconti cosa hai fatto e cosa vuoi fare il giorno dopo.
Usa le seguenti espressioni di tempo.

Ieri prima ... poi ...

... e domani ...

... e poi il pomeriggio ...

Stamattina ...

Stasera ...

8 E domenica ...?

CD 53

- E allora, siete tornati al lago anche domenica?
- ▼ Beh, chiaro! Che domanda!
- E siete partiti presto come al solito, eh?
- ▼ Sì, però siamo arrivati lì verso le nove. Così abbiamo fatto subito il bagno
  e abbiamo preso il sole tutto il giorno. Più tardi abbiamo fatto anche un giro in
  gommone. È stata una giornata molto bella! E tu che cosa hai fatto?
- Mah, niente di particolare perché sono rimasta a casa quasi tutto il giorno: la mattina
  ho fatto colazione tardi e poi ho messo in ordine la casa. Il pomeriggio ho letto
  un po' e poi ho visto un film alla TV. Dopo per fortuna è venuto Luca, con lui ho
  fatto una passeggiata in centro.
- ▼ Ah, ecco.
- Sì, ma brevissima ...

E 6

| domenica = domenica scorsa / prossima |
| la domenica = ogni domenica |

una giornata **molto bella**
una **brevissima** passeggiata

9 Completa lo schema

prendere   ho _____   _____ ho visto

_____ ho letto   rimanere   sono _____

mettere   ho _____   _____ è venuto/-a

10 La giornata di tre amici. Completa

Domenica scorsa Gianfranco e Alberta _____ _____ al lago. _____ _____
verso le sette e _____ _____ due ore dopo. _____ _____ il sole,
_____ _____ il bagno e _____ _____ anche un giro in gommone.
Laura invece non _____ _____ niente di particolare perché _____ _____ quasi tutto
il giorno a casa. Ha _____ colazione tardi, poi ha _____ in ordine la casa. Dopo
____ _____ un libro e ____ _____ un film alla TV. Per fortuna la sera è arrivato
Luca e insieme _____ _____ una breve passeggiata in centro.

E 7·8·9

11 Che cosa hanno fatto?

A *riempie le caselle blu e* **B** *quelle bianche, scrivendo delle frasi con i verbi della lista (al passato prossimo).* **A** *fa una domanda, es.:* Cosa ha fatto Giorgia la mattina? **B** *risponde con la sua frase, es.:* Ha letto il giornale. **A** *scrive la risposta nella sua casella. Poi è il turno di* **B***, che fa una domanda, ecc. Alla fine* **A** *e* **B** *controllano insieme cosa hanno scritto e correggono.*

giocare   fare   mettere   rimanere   visitare   prendere

leggere   mangiare   vedere   andare   essere

	Mauro	Giorgia	Vittorio	Lucia
la mattina				
il pomeriggio				
la sera				

12 **Quando è stata l'ultima volta che ...?**

Intervista uno o più compagni.

fare una passeggiata
vedere un film
andare a sciare
parlare al telefono
prendere un gelato
leggere un libro
fare una festa
dormire fino a tardi
mettere in ordine l'appartamento
rimanere a casa tutto il giorno

il mese scorso

due settimane fa

prima della lezione

l'altro ieri

stamattina

ieri

in gennaio

giovedì scorso

la settimana scorsa

E 10·11

13 **Una settimana in Toscana**

CD 54

Ascolta il dialogo e segna sulla cartina l'itinerario seguito da Piero durante le sue vacanze in Toscana.

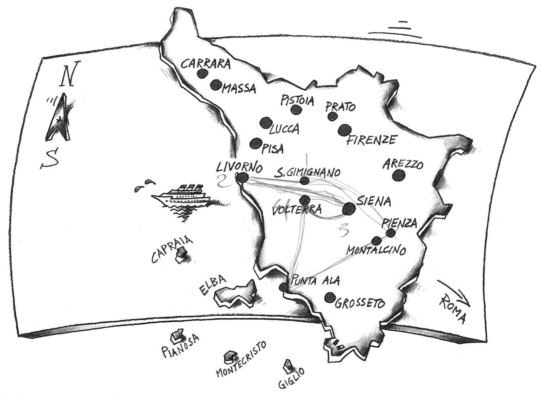

Riascolta il dialogo. In quale città Piero è stato ospite di un amico? Dove è stato in campeggio? Dove ha dormito in una pensione?

La città di Pio II, la città con le torri, la città del Brunello, la città del Palio, la città medioevale con un passato etrusco. Qual è il nome di queste città?

E INOLTRE...

1 Previsioni del tempo

A che giorno si riferiscono queste previsioni?

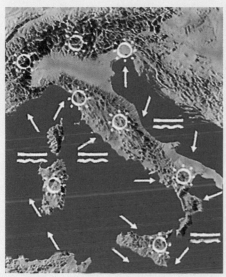

Giovedì

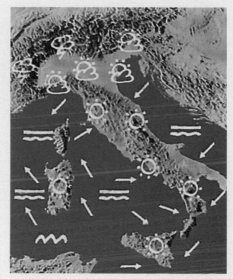

Sabato

Nubi al Nord, qualche temporale sulle Alpi, sole sul resto d'Italia. Temperatura: sopra la media. Caldo quasi ovunque. Venti: deboli al largo. Brezze sulle coste al Centrosud. Mari: quasi calmi.

CD 55

2 Che tempo fa?

■ Pronto?

▼ Ciao Piera, sono Flavia, come stai?

■ Benissimo, sai, sono appena tornata dal bosco.

▼ Sei di nuovo andata a funghi?

■ Eh chiaro, come sempre ...

▼ Allora il tempo è bello.

■ No, a dire il vero no, anzi è abbastanza brutto, la sera qua fa già un po' freddo. Ieri poi c'è stato un temporale che ...

▼ E con questo tempo vai a funghi?

■ Beh, ci sono ancora delle nuvole, ma adesso non piove più. E da te che tempo fa? Bello, scommetto.

▼ Bellissimo. C'è il sole, fa caldo, oggi ho fatto addirittura il bagno ...

> qualche temporale = dei temporali
> qualche nuvola = delle nuvole

Confronta il dialogo con le previsioni del tempo. Chi delle due amiche abita al Nord?
Chi al Sud? Sottolinea nel dialogo tutte le espressioni che si riferiscono al tempo.

3 Che freddo!

Cosa dicono? Collega disegno e frase.

1. Che caldo!   2. Che vento!   3. Che freddo!   4. Che pioggia!

4 E com'è oggi il tempo da voi?

Per comunicare

Che cosa hai/ha fatto stamattina/ieri/domenica?
Ho fatto sport/ho fatto una passeggiata in centro/
sono andato(-a) al cinema/sono rimasto(-a) a casa …

E cosa hai/ha fatto nelle (ultime) vacanze?
Ho fatto molte fotografie/sono stato(-a) al mare/
sono andato(-a) in montagna …

Quando è stata l'ultima volta che hai letto un libro?
L'altro ieri/giovedì scorso/due settimane fa/in gennaio …

Che tempo fa da te?/Com'è il tempo oggi?
È bello/è brutto/fa caldo/fa freddo/piove/c'è vento/
c'è qualche nuvola/c'è un temporale/c'è il sole.

Che caldo!/Che freddo!/Che pioggia!/Che vento!

Grammatica

Il passato prossimo

(and**are**)	Sono and**ato**/**-a** a Milano.
(av**ere**)	Ho av**uto** molto da fare.
(dorm**ire**)	Ho dorm**ito** tutto il giorno.

Il passato prossimo si forma con il verbo avere o essere e il participio passato. I verbi regolari in –are hanno il participio passato in –ato; i verbi in –ere hanno il participio passato in –uto e i verbi in –ire hanno il participio passato in –ito. Per la maggior parte dei verbi si usa avere per formare il passato prossimo; per molti verbi di movimento si usa invece essere.

Davide è andato a Stromboli.
Daniela è andata a Bolzano.
Davide e Daniela sono andati in vacanza.
Daniela e Maria sono andate al lavoro.

Quando si usa il verbo essere per il passato prossimo, il participio concorda in genere e numero con il soggetto (-o, -i, -a, -e). Con il verbo avere, invece, il participio è invariabile.

Alcuni participi irregolari

essere	stato/stata
rimanere	rimasto/rimasta
venire	venuto/venuta
fare	fatto
leggere	letto
mettere	messo
prendere	preso
vedere	visto

Tutto

Ho lavorato **tutto il** giorno.
Ho lavorato **tutti i** giorni.

*In combinazione con un nome, **tutto** è sempre seguito dall'articolo determinativo.*

La negazione

Sei spagnolo?	**No**, sono argentino.
	Non vado spesso a ballare.
	Non vado **mai** a ballare.
Adesso	**non** piove **più**.
	Non ho fatto **niente** di particolare.
	Non ho **un** momento libero.

Il superlativo assoluto

Questo albergo è **molto tranquillo/tranquillissimo**.

*Il superlativo assoluto indica un grado elevato di qualità. Si forma con **molto** (invariabile!) + l'aggettivo o aggiungendo il suffisso –issimo/-issima/-issimi/-issime all'aggettivo.*

Qualche

qualche temporale   **qualche** nuvola

Qualche significa alcuni/alcune ed è invariabile. Il nome seguente è sempre al singolare.

7

Facciamo il punto

Si gioca in gruppi di 3 – 5 persone con 1 dado e pedine. A turno i giocatori lanciano il dado e avanzano con la loro pedina di tante caselle quanti sono i punti indicati sul dado.
Con il verbo della casella bisogna formare delle frasi al passato prossimo seguendo i seguenti criteri:

a) numero lanciato con i dadi:
   1 = io; 2 = tu; 3 = lui, lei, Lei;
   4 = noi; 5 = voi; 6 = loro
b) casella verde = frase affermativa,
c) casella celeste = frase negativa
Vince chi arriva prima al traguardo.

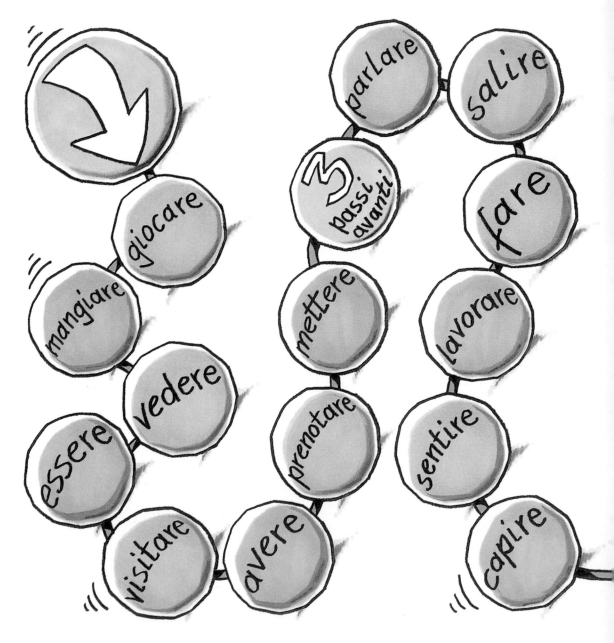

Sapori d'Italia

1 Alimentari

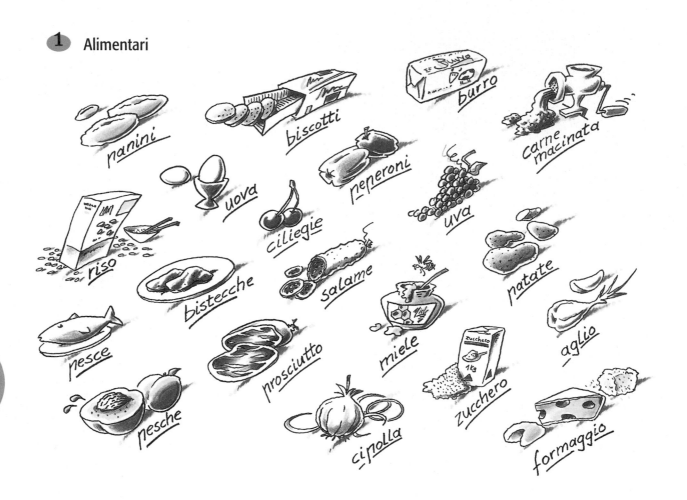

panini · biscotti · burro · carne macinata · uova · peperoni · uva · riso · ciliegie · salame · natate · bistecche · miele · aglio · pesce · prosciutto · zucchero · pesche · cipolla · formaggio

Dove preferisci comprare questi prodotti? Confronta poi la tua lista con quella di un compagno. Avete le stesse abitudini?

in un supermercato: _____

al mercato: _____

in un negozio di alimentari: _____

in un negozio specializzato: _____

in un negozio di prodotti biologici: _____

E 1 · *Discutete in piccoli gruppi: quali di questi prodotti mangiate volentieri? Quali no? Quali avete sempre in casa?*

2 Fare la spesa

Paolo va a fare la spesa.
Ascolta e collega i dialoghi alle foto dei negozi.

mercato ☐   panificio ☐   macelleria ☐

Ascolta ancora una volta i dialoghi e completa.

Paolo compra ...

> un etto = 100 grammi
> due etti e mezzo = 250 grammi

cinque   _____
un pacco di   _____
quattro   _____
due etti e mezzo di _____
due chili di   _____
un chilo di   _____

3 Cosa hai comprato?

Completa la lista della spesa con gli alimenti dell'attività 1 e cerca di indovinare cosa ha comprato il/la tuo/a compagno/a. Avete 2 minuti di tempo. Vince chi ha, dopo 2 minuti, più "sì".

cinque   _____
un pacco di   _____
quattro   _____
due etti e mezzo di _____
due chili di   _____
un chilo di   _____

■ Hai/ha comprato 5 uova?
◆ Sì./No.

E 2

4 In un negozio di alimentari

CD 58

■ Buongiorno, Angelo!

▼ Oh, buongiorno signora Ferri, allora cosa desidera oggi?

■ Due etti di mortadella. Ma la vorrei affettata sottile sottile, per cortesia.

▼ Ma certo, signora. Guardi un po': va bene così?

■ Perfetto!

▼ Ecco fatto. Ancora qualcosa?

■ Sì. Un pezzo di parmigiano. Ma non lo vorrei troppo stagionato ...

▼ Piuttosto fresco allora.

■ Sì, appunto.

▼ E quanto ne vuole?

■ Circa mezzo chilo.

▼ Benissimo ... Mezzo chilo. Qualcos'altro?

■ Sì, un litro di latte fresco, un vasetto di maionese, delle olive e poi ... dello yogurt magro, due confezioni.

▼ Benissimo. Allora ... latte, maionese, yogurt ... Le olive le vuole verdi o nere?

■ Verdi e grosse, circa due etti.

▼ Altro?

■ No, nient'altro, grazie.

▼ Grazie a Lei. Allora ecco, si accomodi alla cassa.

> La mortadella **la** vorrei affettata sottile.
> Il parmigiano non **lo** vorrei molto stagionato.
> Le olive **le** vorrei verdi e grosse.
> Gli yogurt **li** vorrei magri.
> Quanto/quanta/quanti/quante **ne** vuole?

5 Completa

Nel negozio di alimentari la signora Ferri prende due etti di mortadella, ma _____ vuole affettata molto sottile. Desidera anche del parmigiano, ma _____ vuole fresco. La signora _____ prende mezzo chilo. Poi compra anche delle olive. _____ prende circa due etti e _____ vuole verdi e grosse.

E 3·4
5

> **del** parmigiano
> **dello** yogurt

6 In un negozio

In coppia, fate dei dialoghi secondo il modello.

parmigiano – fresco/stagionato – 3 etti

> ▲ Vorrei del parmigiano.
> ◆ Lo preferisce fresco o stagionato?
> ▲ Mah ... fresco.
> ◆ Quanto ne vuole?
> ▲ Tre etti.

E 6

prosciutto – cotto/crudo – 2 etti
peperoni – gialli/verdi – mezzo chilo
vino – bianco/rosso – due bottiglie
olive – verdi/nere – 3 etti e mezzo
uva – nera/bianca – due chili
latte – fresco/a lunga conservazione – 1 litro
yogurt – magro/intero – 4 confezioni

7 La risposta giusta

Come rispondi a queste domande?

Cosa desidera oggi?
Ancora qualcosa?
Va bene così?
Quanto ne vuole?

Mezzo chilo.

Nient'altro, grazie.

Due etti di mortadella.

Sì, perfetto!

E 7·8

8 Fra negoziante e cliente

In coppia completate il dialogo.

A = Cliente

A saluta B

A vuole del salame, ma affettato molto sottile

A risponde

A risponde di sì

A risponde di sì e ordina un'altra cosa.

Se volete, continuate il dialogo a piacere.

B = Negoziante

B risponde al saluto e domanda ad A
cosa desidera

B chiede quanto ne vuole

B taglia una fetta e chiede se va bene

B domanda ad A se desidera qualcos'altro

8

9 La lista della spesa

Lavorate in coppia e fate una lista delle cose da comprare per un picnic con degli amici.
Poi A fa il cliente e chiede gli alimenti scritti nella lista, B fa il negoziante e risponde.

10 Mozzarella, aceto balsamico e ...

Conosci questi prodotti tipici italiani?
Li compri qualche volta?
Usi prodotti italiani in cucina? Quali?

11 Il posto della pasta

Leggi il seguente testo e rispondi poi alle domande.

Carpaneto è un paese di circa settemila abitanti, in provincia di Piacenza: zona di castelli, colline, vigneti e cantine. Di domenica il paese ospita un grande e animato mercato. Le attrattive per venire da queste parti durante un weekend, insomma, non mancano. Fra l'altro, si può approfittare per fare la spesa nel negozio di pasta fresca di Lucia Lucchini, che lavora qui con la figlia Ambra e la nuora Raffaella. Qui si vende solo

pasta tipica regionale, preparata quotidianamente con un lavoro che ha inizio al mattino alle sette e finisce dodici e più ore dopo. Il prodotto più richiesto sono i tor-

telli, soprattutto quelli di magro con ricotta, spinaci e parmigiano reggiano. (...) Inoltre si possono acquistare torte salate e dolci, crostate di frutta fresca e pizza al taglio. Il negozio rimane aperto anche la domenica mattina, quando i mariti, che hanno altre attività durante la settimana, vengono a dare una mano.

L'Angolo Dolce e Salato
Via Marconi – Carpaneto (PC)
Tel. 0523-850719

(da *La cucina italiana*)

1. Quanti abitanti ha Carpaneto?
2. Che cosa c'è di interessante in questo paese?
3. Che tipo di negozio è «L'Angolo Dolce e Salato»?
4. Chi lavora in questo negozio?
5. Quali prodotti si vendono qui?
6. In che giorno i mariti aiutano Lucia, Ambra e Raffaella?

> **si vende** pasta tipica regionale
> **si possono** acquistare torte salate e dolci

12 Il mio negozio preferito

Conosci un negozio un po' speciale? Dov'è? Com'è? Che cosa si può comprare?

13 In Italia si fa così

Lo sai? Forma delle frasi.

Con il pesce	si prepara	il cappuccino.
Gli spaghetti	non si bevono	con la mozzarella.
Dopo i pasti	si mangiano	solo con la forchetta.
Il salame	non si beve	in macelleria.
I vini rossi	si beve	freddi.
A colazione	non si compra	il vino bianco.
La vera pizza	non si mangiano	i salumi.

Confronta le abitudini italiane con quelle del tuo Paese.

Anche da noi con il pesce si beve il vino bianco.
Da noi, invece, a colazione si mangiano anche i salumi.

E 9

 14 **Come si fa il ragù?**

CD 59 *Ascolta la telefonata e metti nella giusta successione i disegni.*

d.

b.

c.

d.

e.

Ascolta di nuovo la telefonata e completa la ricetta.

Tagliare a pezzettini una _____, uno spicchio d'_____, una _____ e una

costa di _____. Fare rosolare il tutto in un po' d' _____. Quando le verdure

sono ben rosolate, aggiungere circa mezzo chilo di _____, mescolare

bene, far cuocere, salare e pepare. Poi versare mezzo bicchiere di _____ bianco o

rosso. Quando il _____ è ben evaporato, aggiungere due scatole da mezzo chilo

di _____ pelati. Far cuocere a fuoco basso per _____ ore.

E 10

15 **Non solo pizza**

Conosci delle ricette italiane? Hai mai cucinato dei piatti italiani? Quali?

E INOLTRE...

1 Le stagioni

A quale stagione associ questi prodotti?

2 In quale stagione?

Segna con una X quando compri più spesso questi prodotti.
Poi in coppia confrontate se avete le stesse abitudini.

	in primavera	in estate	in autunno	in inverno	mai
mandarini					
uva					
funghi					
gelato					
asparagi					
fagioli					
castagne					
cioccolata					
fragole					
pomodori					

3 La mia stagione preferita

E 11·12
13

Voi quale stagione preferite? Perché? Parlatene in piccoli gruppi.

Per comunicare

Dove preferisci / preferisce comprare ...?
In un supermercato / al mercato / in un negozio di
prodotti biologici ...

Cosa desidera?
(Vorrei) un pacco di spaghetti / un litro di latte / una
bottiglia di vino / del formaggio ...

Quanto / quanta / quanti / quante ne vuole?
Un chilo / mezzo chilo / due etti / un pacco / un litro /
una bottiglia.

Il prosciutto come lo vuole?
Cotto. / Crudo.

Va bene così?
Sì, perfetto.

Ancora qualcosa? / Altro? / Qualcos'altro?
Sì, del pane / Nient'altro, grazie.

Che stagione preferisci / preferisce?
La primavera. / L'estate. / L'autunno. / L' inverno.

Grammatica

Le quantità

Vorrei un chilo **di** mele / due etti **di** mortadella /
un pacco **di** pasta / un litro **di** latte / una bottiglia **di** vino.
Vorrei mezzo chilo **di** carne macinata.

*Le quantità sono sempre seguite dalla preposizione **di**.*

I partitivi al singolare

Vorrei **del** formaggio / **della** carne /
dell'aglio / **dello** yogurt.

*Le quantità indefinite si esprimono con i partitivi,
cioè con la preposizione **di** + articolo determinativo (**del,
della, dello, dell'**).*

La costruzione impersonale (si + verbo)

In macelleria **si vende** la carne (singolare).
In macelleria non **si vendono** i salumi (plurale).

*Quando il sostantivo che segue il verbo è singolare, il
verbo si coniuga alla terza persona singolare; quando il
sostantivo è plurale, il verbo si coniuga alla terza persona
plurale.*

Pronomi diretti

Vorrei del **parmigiano**.
Lo vuole stagionato o fresco? / **Quanto ne** vuole?

Vorrei dell'**uva**.
La vuole bianca o nera? / **Quanta ne** vuole?

Vorrei dei **peperoni**.
Li vuole verdi o gialli? / **Quanti ne** vuole?

Vorrei delle **olive**.
Le vuole verdi o nere? / **Quante ne** vuole?

*I pronomi diretti **lo, la, li, le** si usano per sostituire un
nome (oggetto). **Lo** si usa con i nomi maschili singolari,
la con i nomi femminili singolari, **li** con i nomi maschili
plurali e **le** con i nomi femminili plurali.
Il pronome **ne** indica una parte di un tutto:*

Quanto **ne** vuole?

I pronomi diretti vanno prima del verbo.

Il parmigiano come **lo** vuole?
La mortadella come **la** vuole?
I peperoni come **li** vuole?
Le olive come **le** vuole?

*Nella lingua parlata si usa spesso mettere il nome
(oggetto) all'inizio della frase e ripetere anche il pronome
diretto corrispondente.*

8

Vita quotidiana

1 Chi è?

Collega le frasi alle foto.

Giovanni – panettiere

Claudia – impiegata di banca

Andrea – vigile

Maurizio – cuoco

Albina – segretaria

1. Finisce di lavorare a mezzanotte.
2. Lavora dal lunedì al venerdì.
3. A volte lavora anche la domenica.
4. Lavora dal lunedì al sabato, dalle 9 alle 13.
5. Comincia a lavorare alle tre e mezzo del mattino.

E 1·2

> Comincio a lavorare alle .../prima delle .../dopo le ...
> Finisco di lavorare alle .../prima delle .../dopo le ...
> Lavoro dalle ... alle .../fino alle .../di mattina/di pomeriggio
> Faccio una pausa fra le ... e le .../dalle ... in poi

2 Quando lavori?

Chiedi a due o tre compagni in quali giorni della settimana lavorano e che orario di lavoro hanno.

CD 61

3 Ti alzi presto la mattina?

- ■ E tu che lavoro fai?
- ▼ Sono panettiere.
- ■ Ah, allora ti alzi presto la mattina.
- ▼ Eh, sì, purtroppo sì, alle tre e mezza, perché comincio a lavorare alle quattro.
- ■ Oddio! E quante ore lavori?
- ▼ Mah, di solito fino all'una.
- ■ È un lavoro duro ...
- ▼ Beh, abbastanza, però ha anche dei lati positivi, eh ...
  Per esempio il pomeriggio sono sempre libero.
- ■ Ma poi non sei stanco?
- ▼ Naturalmente. Però dopo pranzo mi riposo un po'
  e poi ho tempo per mia moglie e i figli.
- ■ Va be', certo.
- ▼ E tu dove lavori?
- ■ In un negozio di dischi. Sono commessa.
- ▼ Quindi hai un orario di lavoro regolare.
- ■ Sì, dalle nove alle dodici e mezza e poi dalle tre e mezza alle otto.
- ▼ E durante la pausa che fai, torni a casa ... ?
- ■ Raramente. Se ho fame mangio un panino o pranzo in un self-service,
  a volte vado in piscina, in palestra ... o faccio semplicemente due passi in città.

alzar**si**
mi alzo
ti alzi
si alza
ci alziamo
vi alzate
si alzano

> Ho un *orario* di lavoro *regolare*.
> *Raramente torno* a casa.

4 Completa

Giovanni _____ panettiere. La mattina si _____ alle 3.30 e comincia _____ lavorare

alle 4.00. Di solito lavora _____ all'una. Dopo _____ è un po' stanco e _____

riposa un po'. Gabriella invece _____ in un negozio di dischi. Ha un _____

di lavoro regolare: _____ 9.00 _____ 12.30 e _____ 15.30 _____ 20.00. _____

la pausa _____ torna a casa. Di solito _____ un panino o pranza in un self-

service, a volte _____ in palestra o in piscina.

E 3·4·5

5 Dal lunedì al venerdì

In coppia preparate cinque domande per informarvi su come passa la giornata un/a compagno/-a di corso. Poi formate nuove coppie, intervistate il/la nuovo/-a partner e scoprite se avete orari simili.

6 Una giornata normale

Collega le frasi ai disegni.

a.   b.   c.   d.

E 6·7·8

e.   f.   g.   h.

☐ Dalle otto in poi guarda la TV.
☐ Si lava, si veste e poi va al lavoro.
☐ Pranza fra l'una e le due.
☐ Dopo il lavoro si riposa un po'.

☐ Prende un caffè al bar.
☐ Lavora fino alle cinque.
☐ Va sempre a letto dopo le undici.
☐ Si sveglia prima delle sette.

7 Che orari hanno?

In piccoli gruppi descrivete la giornata di queste persone.

Luisa – mamma

Giustina – pensionata

Alberto – tassista

Domenico – pizzaiolo

8 Il sabato di Davide ...

Guarda i disegni. Come descrive Davide il proprio sabato? Scrivi accanto a ogni frase il numero del disegno corrispondente.

1.   2.   3.

4.   5.   6.

○ Mangio spesso fuori con gli amici.
○ Mi sveglio tardi.
○ Faccio una passeggiata con la mia ragazza.
○ La sera a volte sto a casa con Sara.
○ Quando torno a casa faccio la doccia.
○ Mi metto una tuta e poi faccio sport.

CD 62 *Adesso ascolta il dialogo fra Davide e Angela. Che cosa fa lui ancora il sabato? Cerca di scoprire altre informazioni, oltre a quelle date dai disegni. E come passa il sabato Angela?*

Davide ...
Angela invece ...

E voi come passate di solito il sabato? Parlatene in piccoli gruppi.

9   La giornata dell'italiano

Collega i disegni con i testi in basso.

① ore 7.30: L'uscita di casa   ② ore 8.00: La colazione

③ ore 13.00: Il pranzo

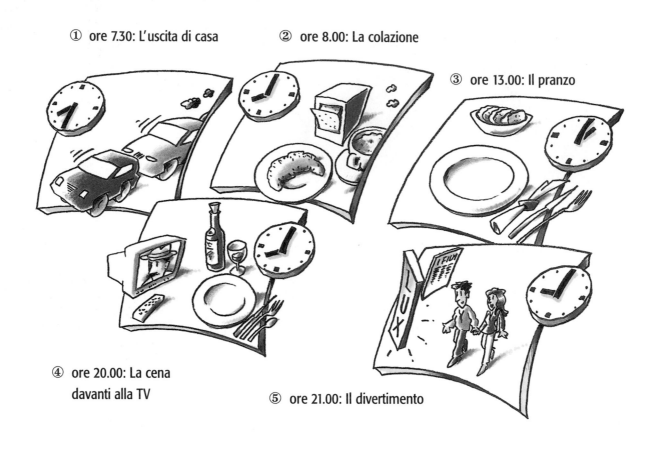

④ ore 20.00: La cena
davanti alla TV

⑤ ore 21.00: Il divertimento

○ Per andare al lavoro gli italiani compiono il solito tragitto. Normalmente in macchina.

○ Quando si va al ristorante il 73% sceglie sempre lo stesso locale. Anche i piatti preferiti non cambiano quasi mai.

○ Il 41% esce solo una volta alla settimana, con i soliti amici. Il 33% va al cinema, i giovani in discoteca. Si gioca sempre di più con la playstation e si naviga su Internet.

○ 6 sere su 7 si cena in pantofole davanti alla TV e si guarda prima il TG e poi un film. A tavola il 30% dice al partner sempre le stesse cose.

○ Il 46% fa colazione nello stesso bar e sempre con cappuccino e brioche.

Sorpresa, la routine fa felici

Otto italiani su dieci schiavi delle proprie abitudini

Cappuccino, brioche, lavoro, cena davanti alla tv, al cinema una volta alla settimana: sempre gli stessi ritmi, gli stessi amici, gli stessi posti.
Gli italiani sono campioni di creatività e fantasia? Non sembra. Una statistica fatta su un campione di 918 italiani dai 19 ai 65 anni disegna la giornata standard: cappuccino e brioche nel solito bar (46 per cento), solito tragitto in macchina per andare in ufficio; lavoro: per

carità, posto fisso fino alla pensione. La sera a casa, cena davanti alla tv.
Anche il divertimento è sempre uguale. Il 41 per cento esce solo di sabato, ovvio, e con gli stessi amici. Uno su tre va al cinema. Il ristorante è sempre quello per il 73 per cento. Un italiano su due, da quattro anni, non cambia vacanza. Parlarsi? Solo per dirsi quel che l'altro si aspetta. Il 30 per cento sa già la risposta del partner.

Bisogno di sicurezza e paura del rischio: per l'81 per cento di giovani dai 19 ai 29. Comodità e rifiuto di scegliere: per il 66 per cento tra i 29 e i 49. Over 50: assenza di voglia e forza di cambiare. Oggi è routine anche giocare con playstation, Internet e telefonini.
Ma tutto questo – dice lo psicologo – alla fine può portare la gente ad annoiarsi. Fa bene invece cambiare casa, città, lavoro e anche amicizie.

(adattato da *la Repubblica*)

Scrivi adesso tre informazioni contenute nel testo e non riportate a p. 92.

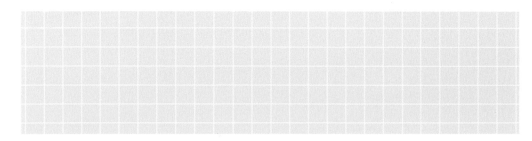

Rileggi i testi a pag. 92: ci sono cinque verbi usati alla forma impersonale. Quali sono?

Rileggi l'articolo su questa pagina: nella seconda parte ci sono quattro verbi riflessivi. Quali sono?

E 9

10 Schiavi delle abitudini?

Formate dei gruppi di massimo 4 persone. Scambiatevi le domande scritte in basso e riportate le risposte nella tabella. Alla fine uno studente per ogni gruppo comunicherà alla classe i risultati della statistica. Siete anche voi abitudinari come gli italiani?

	1	2	3	4	Totale
Come vai al lavoro/a scuola?					
In macchina.	☐	☐	☐	☐	_____
Con i mezzi pubblici (tram, autobus, metropolitana).	☐	☐	☐	☐	_____
A piedi.	☐	☐	☐	☐	_____
Dipende.	☐	☐	☐	☐	_____
Come fai colazione?					
Sempre nello stesso modo.	☐	☐	☐	☐	_____
A volte in un modo, a volte in un altro.	☐	☐	☐	☐	_____
Pranzi sempre nello stesso posto?					
Sì.	☐	☐	☐	☐	_____
No.	☐	☐	☐	☐	_____
Durante la cena guardi la TV?					
Sì, sempre.	☐	☐	☐	☐	_____
Sì, a volte.	☐	☐	☐	☐	_____
No, mai.	☐	☐	☐	☐	_____
Quante volte alla settimana esci la sera?					
Mai.	☐	☐	☐	☐	_____
1 - 2 volte.	☐	☐	☐	☐	_____
3 volte o più.	☐	☐	☐	☐	_____
Giochi con la playstation?					
Sì, spesso.	☐	☐	☐	☐	_____
Sì, a volte.	☐	☐	☐	☐	_____
No, mai.	☐	☐	☐	☐	_____
Navighi su Internet?					
Sì, sempre.	☐	☐	☐	☐	_____
Sì, a volte.	☐	☐	☐	☐	_____
No, mai.	☐	☐	☐	☐	_____

E INOLTRE...

1 Auguri!

A quali cartoline si riferiscono i testi?

b.

NON CONTARE GLI ANNI

PENSA A DIVERTIRTI!

BUON COMPLEANNO

a.

1000 BACI

SOLO PER TE

FELICE MATRIMONIO

E NON DIMENTICATE CHE, ADESSO,
LA VITA VA GIOCATA IN DUE

AUGURI

d.

c.

*Per la tua
Laurea*

Tanti affettuosi auguri
per i tuoi 50 anni!
    Silvio e Miriam

①

Complimenti. Sei stato bravissimo!
Ed ora in bocca al lupo per la tua
carriera!
    Zia Pia

③

Felicitazioni vivissime per
il vostro matrimonio.
    Nicola Freddi

②

Sei una persona splendida!
Ti amo tanto, tanto, tanto!
    Tuo Riccardo

④

2 Feste e ricorrenze

Ecco alcune feste importanti. Collegale alle date giuste.

Natale	Il primo gennaio
Ferragosto	Il 14 febbraio
La festa dei lavoratori	Il 25 dicembre
Capodanno	Il 19 marzo
San Silvestro	Il primo maggio
La festa della donna	Il 2 giugno
San Giuseppe (festa del papà)	Il 15 agosto
San Valentino (festa degli innamorati)	L'8 marzo
La festa della Repubblica	Il 31 dicembre

In coppia controllate adesso le risposte.

Quali di queste feste ci sono anche nel vostro Paese? Festeggiate altre ricorrenze importanti?

3 Cosa dici in queste occasioni?

È il primo gennaio.
Bevete un bicchiere di prosecco con un amico.
È il compleanno di un'amica.
È il 25 dicembre.
Accompagnate un amico alla stazione.
Degli amici partono per il mare.
Siete a tavola.
Un'amica ha finalmente trovato lavoro.

Buon viaggio!
Tanti auguri!
Alla salute!/Cin cin!
Congratulazioni!
Buon anno!
Buon Natale!
Buone vacanze!
Buon appetito!

E 10·11
12

Per comunicare

Quando cominci / comincia a lavorare?
Quando finisci / finisce di lavorare?
Prima delle nove / dopo le sei / dalle ... in poi /
molto tardi ...

Lavoro dalle ... alle .../fino alle ... / di mattina/
di pomeriggio.

Ti alzi / si alza presto la mattina?
Purtroppo sì. / Sì, ma poi mi riposo dopo pranzo.
Dipende.

Che orari hai / ha?
Mi alzo prima delle ... / vado al lavoro alle ... /
dopo il lavoro torno a casa / vado a letto alle ...

Tanti (affettuosi) auguri! / Complimenti! /
Felicitazioni (vivissime)! / Congratulazioni! /
Buone vacanze! / Buon viaggio! / Buon Natale! /
Buon anno! / Buon appetito! /
Alla salute! / Cin cin!

Grammatica

I verbi riflessivi

	riposar**si**
(io)	**mi** riposo
(tu)	**ti** riposi
(lui, lei, Lei)	**si** riposa
(noi)	**ci** riposiamo
(voi)	**vi** riposate
(loro)	**si** riposano

alzarsi   riposarsi
chiamarsi   svegliarsi
lavarsi   vestirsi

Non mi alzo prima delle 8.

*Il pronome riflessivo si mette prima del verbo. La negazione **non** si mette prima del pronome riflessivo.*

Alcune espressioni di tempo

Esco di casa prima delle dodici / dopo le dodici / di
pomeriggio / di sera / di notte / dalle dodici in poi /
fra le dodici e le due / dalle dodici alle due.

Aggettivo / avverbio

1. Oggi ho avuto **una giornata normale**.
2. **Normalmente vado** al lavoro in macchina.
3. Per andare al lavoro faccio **il solito tragitto**.
4. **Di solito ceno** verso le 8.

*Negli esempi 1 e 3 normale e solito servono per descrivere meglio un oggetto. In questo caso sono aggettivi. Negli esempi 2 e 4 **normalmente** e **di solito** descrivono il modo in cui si fa qualcosa. Questi sono avverbi. Gli avverbi sono invariabili. Molti avverbi si costruiscono con la forma femminile degli aggettivi in –o (o con gli aggettivi in –e) + il suffisso –**mente**.*

tranquillo → tranquilla → tranquillamente
libero   → libera   → liberamente
elegante   → elegante → elegantemente

Gli aggettivi in –le e in –re perdono la –e nella forma avverbiale:

normal(e) + mente   →   normalmente
regolar(e) + mente   →   regolarmente

*Alcuni avverbi hanno forme particolari (**di solito, certo, troppo, bene, male**).*

Due modi di dire con il verbo *fare*

Fare due passi = fare una piccola passeggiata
Fare colazione = mangiare la mattina

9

Fare acquisti

1 Come si chiamano?

Scrivi sotto ai disegni il nome delle persone descritte.

Fabrizio è sempre elegante. Oggi ha un vestito grigio, una camicia bianca,
una cravatta a righe e un impermeabile beige.
Vittoria si veste in modo sportivo. Porta spesso jeans aderenti, gli stivali,
una giacca a vento blu e una maglia rossa a righe bianche.
A *Sandro* piacciono i pantaloni di pelle con una giacca di lana.
Oggi indossa una giacca verde.
Per una festa oggi *Eleonora* ha indossato un vestito celeste sotto un cappotto blu.
Ha scelto una borsetta nera e le scarpe pure nere con i tacchi alti.
Eugenio preferisce i jeans e li mette volentieri con un pullover verde o giallo
e con un giubbotto marrone.
Adriana ama l'abbigliamento classico. Oggi è andata in ufficio con una gonna
nera, una camicetta gialla e le scarpe basse.

E 1   _____   _____   _____   _____   _____   _____

2 Cerca qualcuno che ...

Intervista i tuoi compagni. Ad ogni persona puoi fare al massimo due domande.
Vince chi per primo completa la lista.

	nome		*nome*
ha un maglione arancione.		di solito indossa le camicie di cotone.	
porta volentieri i jeans.		ha un paio di pantaloni di pelle.	
ama l'abbigliamento classico.		odia le cravatte.	
ha una giacca di pelle marrone.		in inverno mette la giacca a vento.	
al lavoro veste in modo sportivo.		oggi non ha la borsa.	

64

3 Cerco un pullover

■ Buonasera.

▼ Buonasera. Desidera?

■ Cerco un pullover da uomo.

▼ Che taglia?

■ La 50 o la 52.

▼ Un momento ... Le piace questo modello?

■ Mah ... è un regalo per mio marito ...
Sa, mi sembra un po' troppo giovanile.

▼ Ma no, signora. Questi sono i colori
di moda per la prossima stagione.

■ Eh ... sì, ma non so se a lui piacciono.

▼ E quest'altro modello come Le sembra?
È un capo classico che va bene con tutto.

■ Sì, questo è proprio bello. E quanto costa?

▼ Dunque ... 104 euro.

■ Mm, veramente è un po' caro.

▼ Beh, ma è di ottima qualità.

■ Eh, si vede ... Senta, eventualmente lo posso
cambiare se a mio marito non piace
o se non gli sta bene?

▼ Certo, ma deve conservare lo scontrino.

mi/a me	
ti/a te	
gli/a lui	
le/a lei	piace/sembra
Le/a Lei	piacciono/sembrano
ci/a noi	
vi/a voi	
gli/a loro	

4 Cerca nel dialogo l'espressione adatta

Che espressioni usa la signora per...

dire che cosa desidera comprare _____

dire la taglia _____

esprimere dei dubbi _____

chiedere se un articolo si può cambiare _____

E 2·3

5 Che taglia porta?

In coppia fate un dialogo con i seguenti dati.

A = Cliente

B = Commesso/-a

A cerca un paio di pantaloni

A risponde

B chiede la taglia

B domanda se i pantaloni gli/le piacciono

A dice di sì, ma gli/le sembrano
troppo giovanili

B chiede se desidera un altro modello

A risponde di sì, ma lo vuole in un altro colore

A chiede il prezzo

B mostra un altro paio di pantaloni

B risponde

A trova i pantaloni un po' cari

B dice che i pantaloni sono di ottima qualità.

6 Vi piacciono questi capi?

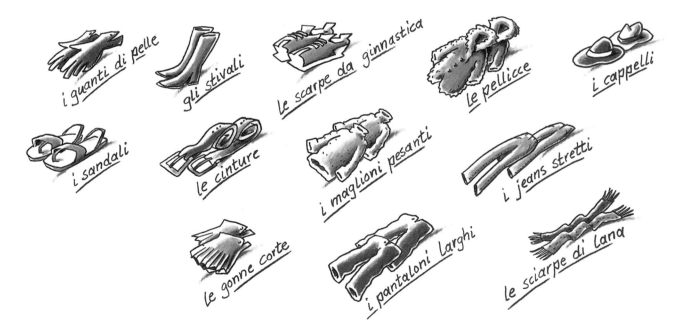

i guanti di pelle · gli stivali · le scarpe da ginnastica · le pellicce · i cappelli · i sandali · le cinture · i maglioni pesanti · i jeans stretti · le gonne corte · i pantaloni larghi · le sciarpe di lana

Formate delle coppie. Parlate dei vostri gusti.

A me piacciono ... ma non mi piacciono ...
E a te?/E a Lei?

Dite a un'altra coppia che gusti avete.

A lui piacciono ... ma non gli piacciono ...
A lei piacciono ... ma non le piacciono ...
A noi piacciono ... ma non ci piacciono ...

7 In un negozio di calzature

65

■ Perché non provi queste scarpe nere?
▼ No, sono troppo eleganti. A me piacciono più sportive.
■ E quei mocassini?
▼ Sì, sono belli, ma costano troppo. Non vorrei spendere tanto.
■ E che ne dici di quelli? Sono meno cari e secondo me sono pure comodi.
▼ Sì, forse hai ragione. Li provo.

	dire
(io)	dico
(tu)	dici
(lui, lei, Lei)	dice
(noi)	diciamo
(voi)	dite
(loro)	dicono

più sportivo
meno caro
troppo elegante

8 Completa

Il marito non vuole provare le _____ nere perché sono _____ eleganti.

Le preferisce _____ sportive. I mocassini gli piacciono, ma costano _____ ;

lui non vuole spendere _____ . La moglie vede dei mocassini _____ cari e

che le sembrano pure _____. Anche al marito piacciono e li _____.

10

9 Che ne dice di ...?

Lavorate in coppia. Guardate i disegni e fate dei dialoghi secondo il modello.

Che ne dice di questa/quella cravatta?
No, è troppo ... Preferisco una cravatta più ...

Che ne dici di questi/quegli stivali?
No, sono troppo ... Preferisco degli stivali meno ...

quel vestito
quello scialle
quell' impermeabile
quella gonna
quelle scarpe
quei mocassini
quegli stivali

lungo / corto

sportive / classiche

eleganti / sportivi

larghi / stretti

pesante / leggera

giovanile / classica

E 4·5·6

Appuntamento al centro commerciale

I ragazzi di oggi si incontrano tra negozi di scarpe e vestiti. E qui scherzano, prendono il sole, mangiano la pizza e guardano le vetrine. Per ore e ore.

Vivono in mezzo alle vetrine. Si amano, si odiano, fanno amicizia sotto la luce del neon. Sono i giovani abitanti degli shop-village, i mega centri commerciali sparsi in tutta Italia. A Torino, Bergamo, Modena o Firenze il centro commerciale è diventato un punto di ritrovo di una nuova generazione.

Il motivo di questo successo è semplice: i corridoi degli shop-village sono più colorati, più allegri, più vivaci delle strade di periferia. Così ogni pomeriggio i giovani vengono qui. E trovano, oltre ai negozi, la pizzeria, la birreria, l'edicola, il supermercato e il parrucchiere che fa tagli «speciali». Insomma, il centro commerciale è una minicittà dove i ragazzi guardano gli oggetti che desiderano. E qualche volta li comprano anche. Alessandro, Alex, Monica, Tamara e Annamaria si incontrano al centro commerciale ogni giorno, dopo pranzo. Tornano da scuola, mangiano di corsa e alle due sono già lì.

Tamara, 13 anni, porta la divisa di moda nella compagnia: giubbotto, jeans aderentissimi ma larghi in fondo, scarpe con la zeppa, brillantino al naso. Annamaria, 16 anni e un anellino al naso, preferisce la moda etnica. Alex, 15 anni, invece è un fanatico delle scarpe e ha molte paia di Nike.

«Non stiamo sempre al centro» dice Alessandro, 20 anni, elettricista. «La domenica andiamo al mare o a ballare. Ma qui è più bello perché ci sono i negozi.» Mentre gli altri mangiano una pizza, Monica va a guardare le vetrine. Si innamora di una gonna e di una maglietta, ma costano troppo. «Per comprare i vestiti a volte faccio qualche lavoretto», dice.

Possedere gli oggetti simbolo del consumismo giovanile è molto importante per questi ragazzi. Il telefonino per esempio è un oggetto che tutti vogliono avere e che serve non solo per telefonare, ma anche sempre più spesso per mandarsi dei messaggi scritti.

(da Donna moderna)

Vero o falso?   *Vero*   *Falso*

Secondo l'articolo, i giovani di oggi

a) amano incontrarsi nei centri commerciali ☐ ☐

b) preferiscono passare il tempo nelle strade di periferia ☐ ☐

c) dopo pranzo restano a casa a studiare ☐ ☐

d) si interessano della moda ☐ ☐

e) amano il consumismo ☐ ☐

I centri commerciali

a) sono delle piccole città ☐ ☐

E 7   b) non hanno solo negozi ☐ ☐

11 Opinioni

Fai delle frasi in base al modello.

> pantaloni · gonne
> (Secondo me) i pantaloni sono più pratici delle gonne.
> (Secondo me) i pantaloni sono meno eleganti delle gonne.

> I corridoi degli shop-village sono **più** vivaci **delle** strade di periferia.

i giubbotti · le giacche
la seta · il cotone
le scarpe con la zeppa · gli stivali
la pelliccia · il cappotto
il nero · il rosso
i jeans larghi · i pantaloni aderenti
le gonne lunghe · le gonne corte

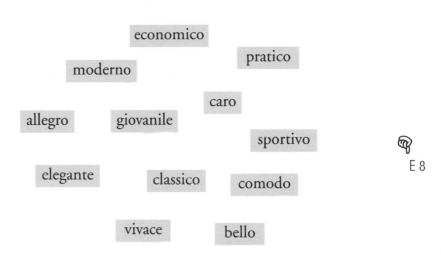

economico

pratico

moderno

caro

allegro   giovanile

sportivo

elegante   classico   comodo

vivace   bello

E 8

12 Con un po' di fantasia …

In piccoli gruppi provate a indovinare i diminutivi delle seguenti parole: -ino o -etto?
Vince il gruppo che indovina più forme esatte.

> **anellino** = piccolo anello
> **lavoretto** = piccolo lavoro
> **maglietta** = maglia leggera
>   di cotone o di lana
> **telefonino** = cellulare

un piccolo cappello   _____

una piccola pizza   _____

un piccolo gruppo   _____

degli stivali bassi   _____

un cappotto piccolo e stretto _____

un vestito piccolo o leggero _____

un piccolo negozio   _____

E 9

13 Che abbigliamento preferisci?

Intervista un compagno e scopri se avete gusti simili.

Preferisci / preferisce un abbigliamento elegante o sportivo? Classico o originale?
C'è un capo di abbigliamento che indossi / indossa spesso?
Quale colore preferisci / preferisce?

 14 In un negozio di articoli sportivi

CD 66 *Ascolta il dialogo e rispondi alle domande.*

Guarda questi capi di abbigliamento. Quali nomina la signora?

La signora Ventura nel negozio lavora	da sola.	☐
	con i figli.	☐
	con i fratelli e con qualche commessa.	☐
Svolge questa attività	da più di venti anni.	☐
	da meno di venti anni.	☐
	da meno di dieci anni.	☐
Il cliente tipo del negozio	è elegante.	☐
	è sportivo.	☐
	segue la moda.	☐
I clienti abituali sono	turisti.	☐
	gente del posto.	☐
	turisti e gente del posto.	☐
I clienti possono avere uno sconto	sempre.	☐
	spesso.	☐
	in certi periodi.	☐

15 È vero?

*Completa il questionario, poi confronta le tue abitudini
con quelle di un compagno. Dov'è possibile, dai una spiegazione.*

	sì	no
Trovo conveniente comprare i vestiti in un grande magazzino.	☐	☐
C'è un negozio dove mi piace fare acquisti.	☐	☐
Se è possibile, cerco di avere uno sconto.	☐	☐
Per me è importante acquistare articoli di marca.	☐	☐
Per fare gli acquisti aspetto le svendite di fine stagione.	☐	☐
In generale seguo la moda.	☐	☐
Faccio attenzione alla qualità dei prodotti.	☐	☐
Preferisco fare acquisti nei negozi dove si può pagare con la carta di credito.	☐	☐
Ho già comprato dei capi di abbigliamento in Italia.	☐	☐

10

E INOLTRE...

1 In giro per i negozi

Dove si comprano queste cose?
Collega i prodotti con i negozi.

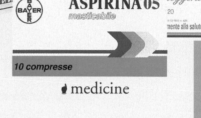

● sigarette

● vocabolario

● penna

● francobolli

● medicine

● quaderno

... si compra / si comprano in ...

10

2 Fare shopping

CD 67

In che negozio sono le persone?
Scegli fra tabaccheria (a), libreria (b), grandi magazzini (c), negozio di calzature (d).

■ Scusi, dov'è il reparto profumeria?
▼ Al primo piano, vicino all'ascensore. ☐

■ Allora tre cartoline, tre francobolli e un accendino. Ancora qualcos'altro?
▼ No, è tutto. Quant'è? ☐

■ Queste vanno bene?
▼ Mah, sono un po' strette. Potrei provare il 42? ☐

■ Scusi, cerco una guida sulla Toscana.
▼ Dunque ... le guide sono lì a destra, di fronte alla cassa. ☐

3 Il negozio misterioso

E 10·11
12

In coppia provate a mettere in scena un piccolo dialogo.
Gli altri studenti devono indovinare dove si svolge.

Per comunicare

Cerco un pullover/un maglione/un paio di pantaloni …
Che taglia (porta)?
La …

Quanto costa questa camicia?
100 €.
Mah, è un po' cara.

Eventualmente posso cambiare questo/-a …?

Che ne dice di quel modello?
Veramente vorrei un capo più elegante/meno sportivo.

Ancora qualcos'altro?
No, è tutto. Quant' è?

Potrei provare *la 42*?
Potrei provare *il 42*?

Grammatica

I colori

I colori con vocale finale in −o ed −e si comportano come normali aggettivi. Alcuni colori hanno delle forme invariabili, per es. **blu, rosa, viola** *e* **beige.**

il cappotto nero   i cappotti neri
la gonna bianca   le gonne bianche
il cappello verde   i cappelli verdi
la camicia blu   le camicie blu

Il comparativo

I pantaloni sono **più** pratici **delle** gonne.
Cerco una borsa **meno** cara **di** questa.

Il comparativo di maggioranza si esprime con **più** *+ aggettivo; il comparativo di minoranza si esprime con* **meno** *+ aggettivo. Il secondo termine di paragone, se è un nome o un pronome, è introdotto da* **di** *(+ articolo).*

Questo o quello?

Questo si usa per persone o cose che si trovano vicino a chi parla.

Quello si usa per persone o cose che si trovano più lontano rispetto a chi parla.

L'aggettivo dimostrativo **quello** *segue le forme degli articoli determinativi (vedi Grammatica, Lezioni 2 e 3).*

quel vestito   **quegli** stivali

Quando **quello** *sostituisce un sostantivo (pronome dimostrativo), cambiano solo le vocali finali.*

Ti piacciono quei pantaloni neri?
No, preferisco **quelli** (blu).

Pronomi indiretti tonici e atoni

pronomi indiretti atoni	pronomi indiretti tonici
Questo modello **mi** sembra troppo giovanile.	**A me** i jeans piacciono. E a te?
Questo maglione **ti** piace ?	**A te** non piace il rosso? Veramente?
Non so se **gli** va bene questo capo.	**A lui** consiglio una camicia classica, a te invece …
Il rosso non **le** piace.	**A lei** non piacciono i tacchi alti, a me invece sì.
Signora, come **Le** sembra quest' altro modello?	**A Lei** sta bene di sicuro il bianco.
Che capo **ci** consiglia per un matrimonio?	**A noi** non piace l'abbigliamento elegante. E a voi?
Beh, **vi** consiglio un capo elegante.	**A voi** piacciono le pellicce? A noi no.
Non **gli** piacciono le gonne.	**A loro** non piace indossare capi sportivi. A noi invece sì.

Facciamo il punto

Si gioca in gruppi di 3 – 5 persone con 1 dado e pedine. A turno i giocatori lanciano il dado e avanzano con la loro pedina di tante caselle quanti sono i punti indicati sul dado. Se si arriva a una casella con un prodotto alimentare bisogna chiederne una certa quantità. Se si arriva a una casella con

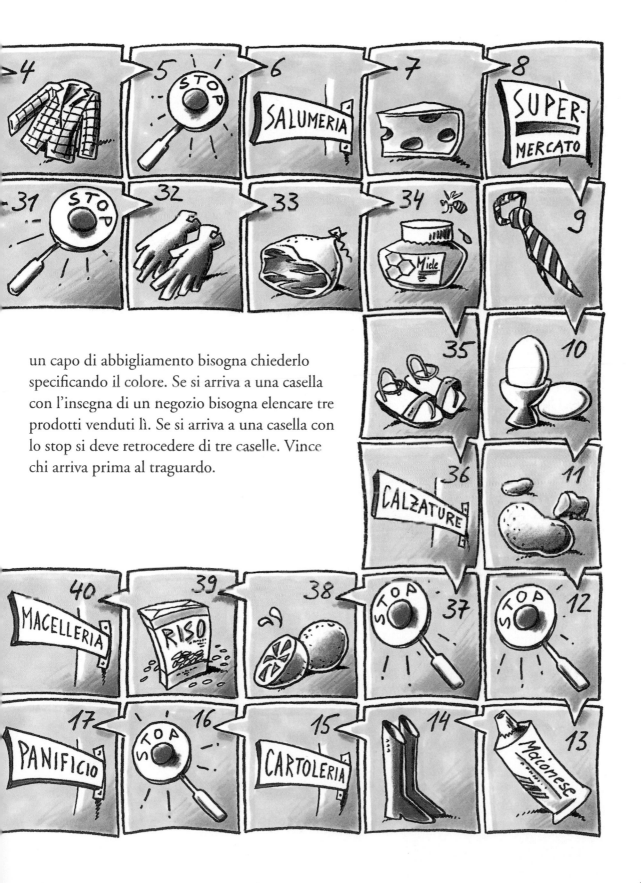

un capo di abbigliamento bisogna chiederlo specificando il colore. Se si arriva a una casella con l'insegna di un negozio bisogna elencare tre prodotti venduti lì. Se si arriva a una casella con lo stop si deve retrocedere di tre caselle. Vince chi arriva prima al traguardo.

Appendice

 Scusi, …

B *legge questa pagina.* A *la pagina 64. A turno, si domandano informazioni sui posti che cercano.*

> ■ Scusi, c'è un/a … qui vicino?
>   Scusi, sa dov'è il/la/l'…?
> ▼ Sì, Lei va …, gira …

B: Sei davanti alla stazione e cerchi

1. una farmacia   3. l'ospedale
2. una banca   4. l'ufficio del turismo

Chi usa la bicicletta e perché
Un must del tempo libero

Quasi definitivamente scomparsa, purtroppo, come mezzo di trasporto, soprattutto nelle grandi città e nel Sud Italia, la bicicletta è ora per gli italiani un oggetto di divertimento per il tempo libero o un attrezzo sportivo per il semplice benessere fisico. Diciamo che l'uso della bici come mezzo di trasporto non è assolutamente di moda. Resiste solo in qualche area del nordest e in cittadine di grande tradizione come Mantova o Parma. Ma se dal trasporto passiamo al passatempo e alla forma fisica le cose cambiano radicalmente. La bicicletta torna ad essere l'oggetto del desiderio, il giocattolo da tirar fuori la domenica mattina per uscire con la famiglia o per imitare i campioni del pedale. Il 49 per cento dei proprietari usa la bicicletta esclusivamente nel tempo libero. Di questi il 21 per cento solo nel week end, il 20 per cento solo durante le vacanze. L'utilizzo della bici nel tempo libero risulta nettamente più alto tra i giovani e nella popolazione con reddito, scolarità e posizione socioculturale più elevata.

(Adattato da *la Repubblica*)

GLI ITALIANI E LA BICICLETTA

Famiglie italiane con almeno una bicicletta per adulti 74%

Nord Est 80%   Sud e Isole 63%

Gli italiani usano la bicicletta

tutti i giorni	26 %
3-4 volte a settimana	19 %
1-2 volte a settimana	29 %
2-3 volte al mese	13 %
ancora più di rado	13 %

La bici è

un passatempo	41 %
un mezzo di trasporto	27 %
un aiuto per la forma	21 %
uno sport	10 %

Italiani che la usano almeno una volta l'anno

50 %

Completa le frasi.

Gli italiani non usano la bicicletta come ...   ... solo il fine settimana.

La bicicletta è soprattutto un oggetto ...   ... da tanti anni.

A Parma o a Mantova la gente usa la bicicletta ...   ... i giovani e le persone che stanno bene economicamente.

Molte persone usano la bicicletta ...   ... mezzo di trasporto.

Il 20% usa la bicicletta ...   ... solo quando è in vacanza.

Vanno in bicicletta soprattutto ...   ... per il tempo libero.

Voi usate spesso la bicicletta? Come mezzo di trasporto o solo per passatempo?
Con che frequenza? Parlatene in piccoli gruppi.

SPAGHETTI AL POMODORO I PIÙ AMATI DAGLI ITALIANI

Se è vero che gli italiani sono sempre innamorati della pasta (6 su 10 la mangiano tutti i giorni) è altrettanto vero che per il formato «spaghetti» hanno una vera passione. Lo conferma un sondaggio realizzato per il World Pasta Day 2000. Dalla ricerca emerge, infatti, che gli spaghetti raccolgono il maggior numero di consensi, il 38,6%. Tra gli uomini soprattutto, che hanno fatto salire la percentuale al 43,2 (contro il 34,6% delle donne). Al secondo posto si piazzano le penne, che raccolgono più consensi tra le donne (23,7% contro 20,7%) e al terzo i rigatoni. Tra le ricette, il primo piatto preferito è un superclassico: gli spaghetti con pomodoro e basilico, con il 28,3% delle preferenze. Seguono lasagne (14,5%), tagliatelle al ragù (11,2%) e vermicelli alle vongole (10,6%).

(da la Repubblica)

Quali informazioni dà il testo? Unisci la prima e la seconda parte delle frasi.

Sei italiani su dieci ...	... fra tutti i tipi di pasta preferiscono gli spaghetti.
Gli uomini ...	... mangia volentieri i vermicelli alle vongole.
Il 23,7% delle donne ...	... ama gli spaghetti con pomodoro e basilico.
Circa il 10% degli italiani ...	... preferisce le penne agli spaghetti.
Un terzo degli italiani ...	... mangiano la pasta ogni giorno.

Intervista tre/quattro compagni. Domanda

- se mangiano spesso la pasta,
- quale tipo di pasta preferiscono,
- come preferiscono mangiare la pasta.

Lui e io

Lui ha sempre caldo; io sempre freddo. D'estate, quando è veramente caldo, non fa che lamentarsi del gran caldo che ha. Si sdegna se vede che m'infilo, la sera, un golf.

Lui sa parlare bene alcune lingue; io non ne parlo bene nessuna. Lui riesce a parlare, in qualche suo modo, anche le lingue che non sa.

Lui ha un grande senso dell'orientamento; io nessuno. Nelle città straniere, dopo un giorno, lui si muove leggero come una farfalla. Io mi sperdo nella mia propria città; devo chiedere indicazioni per ritornare alla mia propria casa. Lui odia chiedere indicazioni; quando andiamo per città sconosciute, in automobile, non vuole che chiediamo indicazioni e mi ordina di guardare la pianta topografica. Io non so guardare le piante topografiche, m'imbroglio su quei cerchiolini rossi, e si arrabbia.

Lui ama il teatro, la pittura, e la musica: soprattutto la musica. Io non capisco niente di musica, m'importa molto poco della pittura, e m'annoio a teatro. Amo e capisco una cosa sola al mondo, ed è la poesia.

Lui ama i musei, e io ci vado con sforzo, con uno spiacevole senso di dovere e fatica. Lui ama le biblioteche, e io le odio.

Lui ama i viaggi, le città straniere e sconosciute, i ristoranti. Io resterei sempre a casa, non mi muoverei mai.

Lo seguo, tuttavia, in molti viaggi. Lo seguo nei musei, nelle chiese, all'opera. Lo seguo anche ai concerti, e mi addormento.

(da *Le piccole virtù* di Natalia Ginzburg)

9

Completa lo schema con le informazioni del testo come nell'esempio.

chi?	cosa fa?	cosa?	dove?
lui	si lamenta	—	—
		le lingue	
	non parla		
		chiedere indicazioni	
		le piante topografiche	
lui	ama		
lei	ama		
			al museo
			a teatro
	lo segue		

Sei più simile a lui o a lei? Parlane con un compagno.

Esercizi

1

1 Come saluti?

con il "tu"

_____

con il "Lei"

_____

con il "tu"

_____

con il "Lei"

_____

> **Infobox**
>
> Quando si dice **"buongiorno"** e quando si dice **"buonasera"**? Normalmente si dice **"buonasera"** dopo le 17.00/18.00 ma in molte città italiane si usa anche dopo le 13.00.

2 Inserisci le parole al posto giusto.

1. ■ _____ sera. Sono Alberta Peci. E _____?

    ▼ Carli, _____.

    Lei   Buona   piacere

2. ■ Buongiorno. Io _____ Sara Patti. E tu _____ ti _____?

    ▼ Marco _____.

    come   Poli   chiami   sono

3. ■ Io _____ _____ Andrea. E _____?

    ▼ Paola.

    chiamo   mi   tu

4. ■ _____, Lei _____ si chiama?

    ▼ Giovanni De Simone.

    ■ E _____?

    ▲ Io mi _____ Roberto Rossi.

    chiamo   come   Lei   Scusi

Infobox

Tu-Lei : il darsi del "tu" o del "Lei" in Italia varia da regione a regione. A scuola (anche alle superiori) gli insegnanti danno del tu agli studenti.

Nomi: in Italia **Andrea** è un nome maschile, così come **Nicola, Daniele e Gabriele**; **Vania**, invece, è femminile.

3 Si usa per studiare. Cos'è?

Scrivi le parole giuste nelle caselle ed avrai la soluzione.

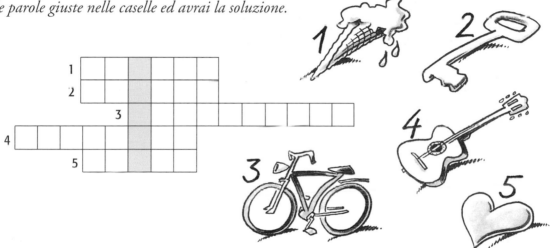

4 Collega le domande con le risposte giuste.

1. Sei tedesca? a. Sì, di Barcellona.
2. Di dove sei? b. No, sono svizzero.
3. Come ti chiami? c. No, sono austriaca.
4. Sei tedesco? d. Di Berlino.
5. Sei spagnolo? e. Augusto.

5 Qual è il nome delle nazioni?

Au – gna   Ger – zera   Ita – mania   Fran – gallo   Spa – lia
Porto – stria   Sviz – terra   Irlan – cia   Inghil – da

Austria _____ _____ _____ _____

_____ _____ _____ _____

6 Questo dialogo è in disordine.
Metti le frasi nell'ordine giusto.

A

☐ Piacere, Fellini.

☐ Ah, portoghese. E di dove?

☐ Scusi, Lei è spagnola?

☐ Di Milano.

B

☐ *Piacere. Mi chiamo Maria Rodriguez.*

☐ *Di Oporto. E Lei di dov'è?*

☐ *No, sono portoghese.*

7 Completa le frasi.

1. Io _____ irlandese, di Dublino.

2. Lei _____ francese?

3. _____ Jack Daly. E Lei come _____?

4. Tu _____ svizzera?

5. Come _____?

6. Lei di dov' ____?

è

, si chiama   ti chiami

sono   mi chiamo

è   sei

8 Cosa si dice in queste situazioni?

Quando si arriva: _____
_____

Quando si va via: _____
_____

Ciao!

A presto!

ArrivederLa!   A domani!

Buongiorno!   Buona sera!

Arrivederci!

Buonanotte!   Alla prossima volta!

CD 10

9 Che numeri senti? Ascolta la registrazione e segna i numeri giusti.

3 – 13   4 – 14   5 – 15   6 – 7   6 – 16

11 – 12   16 – 17   8 – 18   9 – 19   7 – 17

Esercizi

1

10 Il labirinto

Per uscire dal labirinto parti dal numero 20 e cerca nelle caselle vicine il numero più basso (19), poi 18 ecc. fino a 0. Se avrai fatto tutto bene, le lettere sopra i numeri formeranno una frase.

Partenza

C	F	G	I	O	R	U	G
venti	otto	sei	venti	dieci	tre	sedici	cinque
I	A	H	R	S	T	Z	F
diciannove	diciotto	nove	undici	nove	diciotto	quindici	sette
B	O	P	L	S	I	O	L
due	diciassette	dodici	diciannove	otto	sette	tre	due
D	A	A	M	P	M	V	T
sette	sedici	tredici	uno	diciassette	sei	quattro	uno
E	L	L	N	Q	A	Q	A
dodici	quindici	quattordici	zero	dodici	cinque	quattordici	zero

Arrivo

_ _ _ _ , _ _ _ _ _ _ _ _ _ _ _ _ _ _ _ !

Esercizi

1

11 Esercitiamo la pronuncia

Ascolta e completa.

____rmania   buon____rno   ____o   mac____na   ____rnale   spa____tti

pre____   zuc____ero   ____tarra   la____   ____rda   ra____   pia____re

arriveder____   ____co   ____re   fun____   ____ffè

⇒ Consiglio

Alla fine di ogni lezione scrivi su un quaderno tutto quello che sai dire in italiano, così alla fine del corso avrai il tuo personale "libro di italiano".

12 Ricapitoliamo

Presentati e scrivi come ti chiami, di dove sei, che nazionalità e che numero di telefono hai.

→ Consiglio

Per studiare scegli un posto tranquillo e piacevole. Non imparare più di 8 vocaboli alla volta, ma ripetili spesso.

1 Separa le lettere e metti la punteggiatura. Avrai 6 mini-dialoghi.

1. Comestainonc'èmaleetu   Come stai? Non c'è male. E tu?

2. Ciaocomevabenissimograzie   _____

3. ComestasignorabenegrazieeLei   _____

4. QuestoèPierounmioamicopiacere   _____

5. Francoparlalinglesesìmoltobene   _____

6. LepresentoilsignorFoglipiacereMonti _____

2 Completa.

maschile	femminile
un mio amico	_____
_____	la signora Vinci
spagnolo	_____
_____	portoghese
molto lieto	_____
_____	questa

> **Infobox**
>
> Piacere – molto lieto: quando ci si presenta, si risponde con **"piacere"**, che è una forma neutra molto in uso anche tra i giovani, o con **"molto lieto"**, **"molto lieta"**, che sono espressioni usate in situazioni molto più formali.

3 Inserisci gli articoli.

1. Questo è Robert, _____ mio amico di Dublino.

2. Le presento _____ signor Dini.

3. Giuliana parla bene _____ spagnolo.

4. Thilo non parla _____ russo.

5. Questa è Bernadette, _____ mia amica francese.

6. Questa è _____ signora Ghezzi.

7. Io purtroppo non parlo bene _____ inglese.

il   un   la   l'   una   lo   il

Consiglio

Impara direttamente i nomi insieme agli articoli.

4 Combina le parole dei quattro gruppi e fai delle frasi.

Io	sono	di	la segretaria.
Maddalena	abito	a	Madrid.
Noi	fa	-	una scuola.
Pedro	è	in	Bologna.
Piero e Lucia	lavoriamo		medico.

5 Rispondi alle domande.

Carlo Bianchi · Torino · ingegnere *Uta Reimers* · Berlino · segretaria
Jeanine Petit · Parigi · insegnante *Pedro Rodriguez* · Siviglia · studente

1. Come si chiama il signor Bianchi? _____
2. La signora Reimers è traduttrice? _____
3. Uta è tedesca? _____
4. Jeanine studia? _____
5. Che lavoro fa il signor Bianchi? _____
6. Pedro lavora? _____
7. Chi lavora in una scuola? _____
8. Di dov'è Pedro? _____

> **Infobox**
>
> In italiano i nomi delle professioni hanno spesso forme uguali per il maschile e per il femminile, per es. **medico, sindaco, architetto**, ecc. Per alcuni lavori non c'è una denominazione specifica, in questo caso si usa descrivere la propria attività, per es. **lavoro in una banca, lavoro in una libreria**.

6 Scrivi le parole vicino agli articoli giusti.

amico   agenzia   architetto

ufficio   operaio   signora   corso   ingegnere

amica   ospedale   numero   negozio   operaia

studio   casa   studente   segretaria

signore   libreria

un _____

_____

uno _____

_____

una _____

_____

un' _____

_____

7 Quale parola va bene?

abitate   lavoro   abitiamo   siete

fa   lavora   sta   sono   sono

1. Noi _____ a Napoli.

2. Franco e Luisa _____ di Bari.

3. Franca _____ in un ristorante.

4. Che lavoro _____ Franco?

5. Io _____ segretaria, _____ in una scuola.

6. Voi _____ a Firenze?

7. Come _____, signora Lo Cascio?

8. _____ inglesi?

8 Dove lavorano queste persone? Inserisci i nomi dei posti di lavoro nelle caselle giuste.

Crossword grid:

Across:
- 3 `p` `e` `_` `_` `l` `_`
- 4 `f` `_` `c` `_` `_`
- 6 `r` `_` `_` `_`
- 7 `a` `_` `b` `r` `_` `c` `_`
- 8 `e` `g` `_` `_` `i` `o`

Down:
- 1 `i` `s` `t`
- 2 (top)
- 3 `f` `f`
- 5 `b`

orizzontali:

3 medico 4 segretaria 6 farmacista

7 operaio 8 commesso

verticali:

1 cameriere* 2 insegnante

3 meccanico 5 impiegato

* il cameriere lavora al ristorante

9 Completa le frasi.

ristorante sono fa lo siamo un

banca figlio studiano l'

1. Mi chiamo Aldo Fusini. _____ di Pescara e lavoro in un _____.
   Parlo il tedesco e l'inglese.

2. Si chiama Marie Dupont, è francese, di Marsiglia e _____ la segretaria.
   Parla _____ spagnolo e l'italiano.

3. _____ di Pisa e lavoriamo in una _____ . Parliamo l'inglese e il francese.

4. Franca Rosselli è casalinga e ha un _____ di 5 anni. Lavora tanto e ora
   cerca una baby-sitter.

5. Karin e John _____ medicina a Firenze. Cercano _____ piccolo lavoro.
   Parlano bene _____ italiano.

 **Consiglio**

Per associazioni si impara meglio. Pensa ai tuoi amici e conoscenti. Associa il loro nome al nome italiano della loro professione (per es. Paul è architetto).

10 Come si leggono i numeri di telefono? Ascolta la registrazione e segna il numero giusto.

CD 20

Ada Bianchi	☎ 12 81 3 26 ☐	12 81 32 6 ☐
Lucia Mannucci	☎ 81 40 89 ☐	81 4 0 89 ☐
Piero Marchi	☎ 68 18 1 24 ☐	6 8 18 1 24 ☐
Stefano Rosi	☎ 93 3 21 7 ☐	9 33 21 7 ☐

11 Scrivi i numeri in lettere.

orizzontali →

1 = 90
4 = 12
8 = 100
9 = 30
10 = 6
11 = 78
12 = 86
13 = 3
14 = 88
15 = 7
16 = 0

verticali ↓

2 = 29
3 = 34
4 = 17
5 = 18
6 = 52
7 = 49
10 = 70

12 Inserisci gli interrogativi al posto giusto e poi collega le domande con le risposte.

1. _____ è Pedro?
2. _____ anni hai?
3. _____ sei?
4. _____ lingue parli?
5. _____ stai?
6. _____ lavorate?
7. _____ ti chiami?
8. _____ è il tuo indirizzo?

a. Via Dante, 14.
b. L'italiano e il greco.
c. In una fabbrica.
d. Giuseppe.
e. Di Palermo.
f. Un mio amico di Madrid.
g. Non c'è male, grazie.
h. 48.

Chi   Qual   Che   Come   Dove   Quanti   Come   Di dove

Esercizi

2

13 Che dite...

1. per chiedere un permesso.
2. per ringraziare.
3. quando conoscete una persona nuova.
4. quando non avete capito bene qualcosa.
5. quando andate via.

Grazie	Arrivederci
Mi dispiace	Come, scusi?
	Piacere

14 Esercitiamo la pronuncia

Ascolta la registrazione e fai attenzione alla pronuncia. Poi ripeti le frasi.

Buona sera signora, come sta?

Il signor Santi ha sessantasei anni.

Sandro e Sofia sono a Salerno.

Scusi, Lei parla lo spagnolo?

Siamo qui a scuola per studiare l'italiano.

Senti, tu sei svizzero o tedesco?

Io sono di Sondrio e tu di dove sei?

Stefano ha sedici anni.

15 Intonazione

Domanda o affermazione? Ascolta le frasi e inserisci un punto interrogativo (?)

o un punto (.). Poi ascolta una seconda volta e ripeti con la giusta intonazione.

1. Franco parla bene il tedesco
2. Lara è di Merano
3. Questo è Guido
4. Maria non è portoghese
5. Hans è di Vienna
6. La signora Rossetti non sta bene
7. Lei è irlandese
8. Sei tedesco

16 Ricapitoliamo

Cosa sai raccontare di te stesso in italiano alla fine di questa lezione?

Scrivi che lavoro fai, dove abiti, quanti anni hai...

Visualizzare le parole aiuta a ricordarle meglio. Perciò cerca di collegare le parole a delle immagini oppure ad un movimento, ad un rumore, ad un colore, ecc.

1 Cruciverba

Si lascia al cameriere prima di andare via. Cos'è?
Scrivi le parole giuste nelle caselle ed avrai la soluzione.

2 Quali di queste parole sono singolari, quali plurali
e quali possono essere singolari o plurali?

latte limone

cappuccino marmellate birre

aperitivo gelato bicchieri

toast tè pizze

aranciate bar

caffè spremuta crema cornetti

singolare	plurale	singolare + plurale

Esercizi

3

3 Completa le frasi con il verbo *prendere* e con l'articolo *indeterminativo*.

1. Noi _____ ____ aranciata e ____ spremuta di pompelmo.
2. Franco _____ ____ bicchiere d'acqua minerale.
3. _____ ____ pizza anche voi?
4. Anch'io _____ ____ cappuccino e ____ cornetto.
5. E tu che cosa _____? ____ tè o ____ caffè?
6. Loro _____ ____ aperitivo e ____ birra.

4 Al ristorante

Le risposte del cliente sono in disordine. Rimettile nell'ordine giusto.

1. Buongiorno, vuole il menù?
2. Arrosto di vitello, pollo o sogliola.
3. E da bere?
4. Desidera ancora qualcosa?
5. Gasata?

a. Un quarto di vino bianco.
b. No, naturale.
c. No, grazie, vorrei solo un secondo. Cosa avete?
d. Sì, mezza minerale.
e. Va bene. Prendo la sogliola.

> **Infobox**
>
> Per chiamare il cameriere in Italia non si dice "**cameriere**", ma "**scusi**"

5 Ordina le forme verbali.

infinito	_____	_____
io	_____	_____
tu	_____	_____
lui, lei, Lei	_____	_____
noi	_____	_____
voi	_____	_____
loro	_____	_____

preferiamo
preferisco
volete
voglio
vogliono
preferisci
preferire
vuole
volere
preferiscono
vogliamo
preferite
vuoi
preferisce

6 Completa con *volere* e *preferire*.

1. Oggi (io-volere) _____ andare in trattoria.

2. Giulia e Federica (preferire) _____ mangiare solo un panino.

3. Con il pollo noi (preferire) _____ bere un vino rosso.

4. (volere) _____ il menù, signora?

5. (voi-volere) _____ il gelato o il caffè?

6. Signora, (preferire) _____ gli spaghetti o le tagliatelle?

7. Roberto, (volere) _____ solo un primo?

8. Io (preferire) _____ bere una minerale gasata.

7 Completa lo schema.

singolare	*plurale*
il gelato	___ _____
___ _____	le minestre
l' _____	gli affettati
lo strudel	___ _____
il bicchiere	___ bicchieri
___ caffè	i _____
___ bar	i _____
___ antipasto	___ antipasti
la fragola	___ _____
___ _____	___ pesci

I nomi in -**a** hanno il plurale in _____.

I nomi in -**o** ed -**e** hanno il plurale in _____.

I nomi che terminano in consonante o con sillaba finale accentata

hanno il plurale _____.

🖙▷ **Consiglio**

Cerca sempre di arrivare da solo ad una regola grammaticale, perché così la ricordi meglio, ed imparala subito con un esempio.

Esercizi

3

8 Quale parola non appartiene alla serie?

1. coltello   aceto   forchetta   cucchiaio
2. tovagliolo   pepe   sale   olio
3. pane   pizza   toast   aperitivo
4. cappuccino   caffè   tè   gelato
5. purè   insalata   macedonia   spinaci

9 Completa le frasi.

avete – vuoi – mi porta – vorrei – preferisce

1. Prendi anche tu il risotto o _____ la pasta?
2. Scusi, _____ ancora un po' di pane?
3. Che antipasti _____ oggi?
4. Va bene un vino bianco o _____ un rosso?
5. Oggi _____ mangiare solo un primo.

10 Quale forma è quella giusta?

bene   buona   buone   buono   buoni

1. ■ Ancora qualcosa?
   ▼ No, grazie, va _____ così.
2. ■ La pizza è _____?
   ▼ Sì, grazie.
3. ■ Come sono gli spaghetti?
   ▼ Molto _____.

4. ■ _____ sera signora, come sta?
   ▼ _____, grazie, e Lei?
5. ■ Mangiamo qui?
   ▼ No, questo ristorante non è _____.
6. ■ Come primo abbiamo le lasagne, sono molto _____.
   ▼ Va _____, allora prendo le lasagne.

11 Un annuncio

Completa la pubblicità del ristorante con le parole della lista.

TRATTORIA PANE E VINO
Cucina _____
Specialità: _____ fatta in casa
Sala non _____
Giorno di chiusura: _____
_____ del giorno €20

Domenica   Pasta   fumatori   Menù   tipica

12 Esercitiamo la pronuncia

CD 30

a. Ripeti le parole facendo attenzione alla differenza fra i suoni t͡ʃ e d͡ʒ.

t͡ʃ	d͡ʒ
mancia	mangiare
per piacere	gelato
amici	Gigi
ghiaccio	giorno
cappuccino	Luigi
cucina	cugina

CD 31

b. Ascolta le parole e segna con una X il suono che senti.

	t͡ʃ	d͡ʒ		t͡ʃ	d͡ʒ
1.	☐	☐	6.	☐	☐
2.	☐	☐	7.	☐	☐
3.	☐	☐	8.	☐	☐
4.	☐	☐	9.	☐	☐
5.	☐	☐	10.	☐	☐

> **Infobox**
>
> Dato che in italiano la W c'è solo nelle parole straniere, si pronuncia (anche nelle abbreviazioni) come la V, es. BMW (bi-em-vu), WWF (vu-vu-effe).

13 Ricapitoliamo

Sei in un locale italiano e vuoi bere e mangiare qualcosa. Scrivi come faresti l'ordinazione.
Se vuoi un pasto completo, cosa ordini?
Come chiami il cameriere per chiedere qualcos'altro o per avere il conto?

> **Infobox**
>
> Dopo pranzo si ordina di solito un **caffè** e non un **cappuccino**. I camerieri non sono abituati a fare conti separati, infatti normalmente paga una persona per tutti. La somma viene poi divisa in parti uguali per il numero delle persone. Questo modo di pagare si dice **fare alla romana**.
>
> Al ristorante il cameriere porta il conto piegato su un piattino. I soldi vengono messi in mezzo alla ricevuta fiscale. La mancia si lascia sul tavolo prima di andare via.

Esercizi

3

Consiglio

Studia con giudizio. È meglio imparare poche cose al giorno che tutto in una volta. Decidi in quale momento della giornata vuoi studiare, cerca di rispettare il programma e non rimandare continuamente.

1 Collega le parti di sinistra con quelle di destra.

1. Franco guarda   a. in palestra.
2. Nicola va   b. sempre a casa.
3. Alessia legge   c. sport.
4. Matteo dorme   d. un libro.
5. Federica sta   e. a lungo.
6. Paola fa   f. la TV.

2 Completa lo schema.

dormire	giocare	leggere	andare
		leggo	
dormi	giochi	leggi	vai
		leggiamo	
dormite	giocate		andate
dormono	giocano		

a. Confronta le coniugazioni di *dormire, giocare* e *leggere*. Sono uguali? Quali sono le differenze?

b. Guarda il verbo *giocare*: come è scritto?

c. Ripeti il verbo *leggere*: com'è la pronuncia?

3 Completate il dialogo con i verbi.

1. ■ Dario, (stare) _____ a casa il fine settimana?

   ▼ No, di solito (fare) _____ una passeggiata o (andare) _____ in bicicletta.

2. ■ Serena (dormire) _____ a lungo la domenica?

   ▼ Sì, ma poi (fare) _____ sport: (andare) _____ in bicicletta o (giocare) _____ a tennis.

3. ■ Mario e Francesco oggi (giocare) _____ a carte?

   ▼ Sì, e poi (andare) _____ al cinema.

4. ■ Tu (fare) _____ molto sport nel tempo libero?

   ▼ No, io (stare) _____ quasi sempre a casa: (leggere) _____, (navigare) _____ su Internet, (ascoltare) _____ musica o (cucinare) _____.

4 *Giocare* o *suonare*?

Completa le frasi con giocare *o* suonare.

1. Nel tempo libero Adam _____ uno strumento.
2. Tu _____ il basso?
3. (noi) _____ spesso a carte.
4. Nel tempo libero (io) _____ a calcio.
5. Qualche volta Silvio e Luciana _____ a tennis.
6. Voi _____ il pianoforte?

5 Completa le frasi con i verbi della lista.

1. La domenica mattina _____ volentieri una passeggiata.
2. _____ studiare la lingua italiana.
3. Nel tempo libero _____ in piscina.
4. _____ le canzoni di Lucio Dalla.
5. _____ il portoghese per lavoro.
6. A Giulia non _____ studiare.

studio   faccio   mi piacciono

piace

mi piace   vado

6 Una e-mail.

Completa il testo con i verbi della lista.

studiare   piacere   avere   amare

abitare   essere   andare   suonare   pregare

Mi chiamo Manuel Isaac Borrego Fernàndez, _____ 23 anni e _____ spagnolo. _____ a Salamanca, dove _____ matematica e anche l'italiano da tre anni (per lavoro). Nel tempo libero mi _____ leggere, giocare a calcio e a tennis. _____ la musica, _____ la chitarra e _____ molto volentieri in discoteca. Vorrei corrispondere con studenti italiani.
Vi _____ di scrivermi: manuelborrego@mailnet.es

Esercizi

4

7 Completa le frasi con il verbo *piacere*.

1. Mi _____ molto i balli sudamericani.
2. A Paolo non _____ la musica classica.
3. Ti _____ ballare?
4. A Lucia _____ dormire a lungo.
5. A Giorgio e a Beatrice _____ i libri di fantascienza.
6. Il corso d'italiano a noi _____ molto.
7. Ti _____ le canzoni italiane?

8 Trasforma le frasi alla forma negativa, come nell'esempio.
Fai attenzione alla posizione della negazione.

A me piacciono i fumetti.   Mi piace la birra.
A me non piacciono i fumetti.   *Non mi* piace la birra.

1. A Patrizia piace ballare.   _____
2. A te piace Pavarotti?   _____
3. Ti piace l'arte moderna?   _____
4. A me piacciono i libri di fantascienza. _____
5. Mi piace cucinare.   _____
6. A Lci piace l'opera?   _____
7. Le piacciono i film italiani?   _____
8. A noi piace fare sport.   _____

9 Completa i dialoghi con le preposizioni.

1. ■ Marco è ____ Roma?
   ▼ No, abita qui ____ Roma, ma è ____ Milano.
2. ■ Qual è il tuo numero ____ telefono?
   ▼ 43 98 67.
3. ■ Che lavoro fanno?
   ▼ Lui insegna ____ una scuola ____ lingue e lei lavora ____ banca.
4. ■ Le piace andare _____ opera?
   ▼ No, preferisco andare ____ cinema o ____ ballare.
5. ■ Che hobby hai?
   ▼ Oh, molti! Mi piace giocare ____ tennis, lavorare ____ giardino e navigare ____ Internet.

10 Esercitiamo la pronuncia

*a. Ascolta e ripeti le parole, facendo attenzione a come si pronunciano
e a come si scrivono.*

Guido – fun**ghi**   **qui** – **chi**
lin**gua** – yo**ga**   **qua**nto – **ca**ntante
guardare – impie**ga**to   **cinque** – an**che**
a**cqua** – a**cca**

CD 39

b. Prova a scrivere le frasi che senti.

1. _____
2. _____
3. _____
4. _____
5. _____
6. _____

11 Ricapitoliamo

*Scrivi dei tuoi hobby, delle tue preferenze, delle cose che non ti piacciono:
cosa ti piace fare il fine settimana o nel tempo libero? C'è qualcosa che fai spesso o solo
qualche volta o che non fai mai? Se vuoi, puoi anche parlare dei tuoi amici o conoscenti.*

Infobox

Il sabato dei giovani.

La discoteca e il disco-pub sono luoghi sempre più frequentati in Italia dai giovani.
Qui si incontrano, ballano, ascoltano musica e bevono. Sono purtroppo famose le
"stragi del sabato sera" dove molti ragazzi muoiono in auto all'uscita della discoteca.

Bicicletta o no? L'uso della bicicletta in Italia è meno frequente che in molti altri Paesi
europei, a parte alcune zone di pianura del nord (Lombardia, Emilia, Veneto).
Qui ci sono molte *piste ciclabili* e anche le agenzie di viaggio offrono spesso escursioni guidate in bicicletta.

Consiglio

Se classifichi le parole in ordine tematico, è più facile ricordarle. Scrivi tutte le parole relative ad un argomento (es. cibi, bevande...).

1 Chi lo dice?

Unisci le parti della domanda. Scrivi una C vicino alle domande del cliente e una R vicino a quelle del receptionist, come nell'esempio.

Desidera una camera con ...	... può mandare un fax? ☐
Avete ancora ...	... c'è il frigobar? ☐
Quanto ...	... o senza bagno? [R]
A che nome ...	... c'è il garage? ☐
Nella camera ...	... scusi? ☐
Nell'albergo ...	... una singola per questa sera? ☐
Per la conferma ...	... viene la camera? ☐

> **Infobox**
> Nei locali pubblici, il bagno si chiama anche "toilette" o "WC".

2 Cruciverba

È un tipo di albergo. Scrivi le parole giuste nelle caselle ed avrai la soluzione.

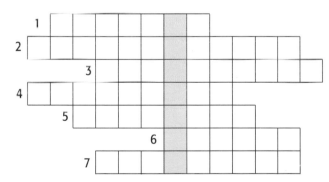

1. Camera per una persona.
2. Camera con un letto per due persone.
3. Posto per la macchina.
4. Sette giorni.
5. Il giorno dopo il sabato.
6. Camera con due letti.
7. Cappuccino, pane, burro e marmellata.

3 Quali parole formano una coppia?

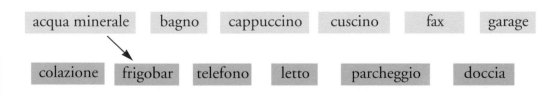

4 Completa con *c'è* o *ci sono*.

1. In tutte le camere _____ l'aria condizionata.
2. All'hotel Aurora non _____ camere libere.
3. Qui vicino _____ un ristorante tipico.
4. Nella camera 27 _____ tre letti.
5. Non abbiamo il garage, ma _____ un parcheggio.
6. Per giovedì _____ solo una matrimoniale libera.

Scusi, c'è l'aria condizionata?

5 Collega le parti di sinistra con quelle di destra e ricostruisci le frasi, come nell'esempio.

1. È possibile   è tranquilla?
2. La camera   il frigobar non funziona.
3. Quanto viene   avere ancora un asciugamano?
4. Avrei un problema,   c'è il televisore?
5. Nella camera   la camera doppia?

Infobox

In Italia i turisti hanno molte possibilità per dormire. Ci sono alberghi o hotel di diverse categorie, motel, pensioni e locande (piccoli alberghi dove è possibile gustare le specialità locali). In campagna si trovano molte aziende agrituristiche, per chi ama la vita a contatto con la natura. Alcune case di religiosi (per es. i monasteri) affittano camere anche ai turisti di passaggio.

---

6 Le lettere della coniugazione di *potere* e *venire* sono in disordine. Rimettile nell'ordine giusto.

io   _____ _____
tu   _____ _____
lui, lei, Lei   _____ _____
noi   _____ _____
voi   _____ _____
loro   _____ _____

upoi   tenive   genvo
tepote
upò   neivi
mossiapo
movenia   sonospo
sospo   genvono
nieve

7 Completa le frasi con *venire* o *potere*

1. ■ Carlo, _____ venire?

   ▼ Sì, _____ subito.

2. ■ _____ anche Lucia e Paola con noi?

   ▼ No, loro non _____ venire.

3. ■ Anna non _____ a scuola oggi?

   ▼ No, non _____ venire, non sta bene.

4. ■ Signor Giannini, _____ al bar con noi?

   ▼ Sì, con piacere!

5. ■ Mi scusi, _____ portare ancora un po'
   di zucchero?

   ▼ Certo!

8 Un annuncio

Completa con le seguenti preposizioni.

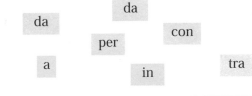

da   da   con   per   a   in   tra

_____ Siena e Firenze, _____ posizione pano-
ramica, offro _____ giugno _____ settembre
appartamento __ _ due camere _____ letto,
soggiorno, cucina e bagno.

_____ informazioni tel. 055 - 87 45 98

 Consiglio

Non è possibile tradurre letteralmente le preposizioni.
Per ricordarle cerca di impararle insieme ad una parola o in una frase.

9 Preposizione + articolo = preposizioni articolate.

a + il
da + il
in + il
in + la
in + l'
su + il

nel   dal   al   nella   sul   nell'

10 Completa adesso le frasi con le "preposizioni
articolate" dell'esercizio 9.

1. _____ bagno manca un asciugamano.

2. _____ camera 36 non c'è il televisore.

3. Quante camere ci sono _____
   appartamento?

4. _____ prezzo è compresa la colazione.

5. La casa è a pochi metri _____ mare.

6. Andiamo _____ ristorante?

7. Avete ancora una camera con vista _____
   mare?

11 Un fax

Completa il fax con le parole mancanti.

	dal
	singola
	prenotazione
	vorrei
al	
	balcone
saluti	

```
Confermo la _____ di una camera
_____ con bagno _____ 28 settembre _____
3 ottobre. _____ una camera con _____
e con televisore.
Distinti _____
Giorgio Santi
```

Infobox

Quando si fa una prenotazione in genere è necessario confermare con un fax, una e-mail o con il numero della carta di credito. Gli alberghi che chiedono un anticipo sono pochi.

---

  12 Esercitiamo la pronuncia

CD 45

a. Ripeti le parole facendo attenzione a come si pronunciano e a come si scrivono.

bagno – anno   bottiglie – mille
Sardegna – gennaio   famiglia – tranquilla
montagna – Anna   tovaglia – Italia
lasagne – panna   voglio – olio
           giugno – luglio

b. Chiudi il libro, ascolta un'altra volta l'esercizio e scrivi le parole su un foglio.

13 Ricapitoliamo

Scrivi a un albergo per prenotare una camera. Di' come la vuoi.

Cerca di studiare bene solo le parole che puoi usare attivamente.
Il resto basta solo capirlo.

1 In quali frasi bisogna aggiungere *ci*?

1. ■ Da quanto tempo vivi a Bologna?

   ▼ _____ abito da 3 mesi.

2. ■ Lavora sempre in banca?

   ▼ No, adesso _____ lavoro in proprio.

3. ■ Conosce un ristorante tipico qui?

   ▼ Beh, io _____ vado sempre al «Gambero rosso».

4. ■ Andate in vacanza in agosto?

   ▼ No, quest'anno _____ andiamo in settembre.

5. ■ Con chi vai in discoteca?

   ▼ Quasi sempre da solo, ma qualche volta _____ vado con gli amici.

6. ■ Cosa fa stasera Giovanni?

   ▼ _____ va al cinema con Marco.

7. ■ Conosce Milano?

   ▼ Sì, _____ vado abbastanza spesso.

8. ■ Lavori ancora a scuola?

   ▼ Sì, _____ lavoro già da dieci anni.

2 Completa lo schema.

un albergo caro	_____
_____	dei negozi eleganti
una chiesa famosa	_____
_____	delle chiese interessanti
una città moderna	_____
_____	degli edifici moderni
una pensione tranquilla	_____
_____	delle zone industriali
un ristorante elegante	_____
_____	dei mercati famosi

I nomi e gli aggettivi in **–o** hanno il plurale in _____.

I nomi e gli aggettivi in **–e** hanno il plurale in_____.

I nomi e gli aggettivi in **–a** hanno il plurale in _____.

3 Forma delle frasi.

Gli aggettivi in **–ca** hanno il plurale in _____

Gli aggettivi in **–co** hanno il plurale in _____ , se l'accento cade sulla penultima sillaba,

e in _____ se l'accento cade sulla terz'ultima.

4 Una lettera dall'Italia

Completa con le preposizioni.

Cara Valeria,

sono qui ____ Firenze ____ frequentare un corso
____ italiano. La città è un po' rumorosa, ma ci
sono molte cose interessanti ____ vedere. Quando
non frequento le lezioni vado ____ vedere una mostra, un museo o una chiesa. La sera vado ____
teatro o ____ cinema o faccio una passeggiata
____ le strade _____ centro e guardo le vetrine
____ negozi. _____ Firenze è possibile visitare
molti altri posti ____ dintorni. Domani vado ____
San Gimignano e il fine settimana al mare.
____ presto!

Catherine

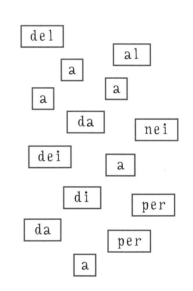

Esercizi

6

5 Completa le frasi con *molto*.

1. In Toscana ci sono _____ città interessanti.
2. Bologna è una città _____ vivace.
3. Qui ci sono _____ cose da vedere.
4. Quest'albergo è _____ tranquillo.
5. In città c'è una mostra _____ interessante.
6. Di solito mangio _____ insalata.
7. Oggi non ho _____ tempo per cucinare.
8. Viaggiare mi piace _____.

> **Infobox**
>
> I prezzi dei mezzi pubblici in Italia sono molto bassi rispetto a quelli del resto d'Europa. Le autostrade sono a pagamento.

6 Per la strada

In questo dialogo le risposte sono in disordine. Ricostruiscilo.

1. Scusi, che autobus va al mercato?
2. E a quale fermata devo scendere?
3. La fermata è nella piazza del mercato?
4. E il mercato è lì vicino?
5. Sa se c'è anche una trattoria tipica?

a. Sì, è proprio lì vicino.
b. No, mi dispiace, è meglio se chiede in piazza.
c. Il 24.
d. Alla quarta.
e. No, è davanti al Duomo.

7 Completa le frasi con i seguenti verbi.

1. Mario, _____ che ore sono ?
2. Scusate, _____ dov'è la stazione?
3. Per andare in centro noi _____ prendere l'autobus.
4. Per il Duomo voi _____ scendere alla quinta fermata.
5. Gli studenti _____ dove _____ andare?
6. Se vai in Toscana _____ visitare anche San Gimignano.
7. Io non _____ che autobus _____ prendere.
8. Scusi, _____ dov'è il terminal delle autocorriere?

devo · devono · devi · dobbiamo · sa · dovete · sai · sapete · so · sanno

8 *Dov'è / dove sono* o *c'è / ci sono?*

1. Scusi, _____ un ristorante qui vicino?

2. Per cortesia, sa _____ l'albergo Aurora?

3. Senti,_____ una pizzeria qui vicino?

4. Conosci la pizzeria «Napoli»? Sai _____ ?

5. Per piacere, signora, _____ le Terme di Caracalla?

6. Scusi, _____ cabine telefoniche qui vicino?

7. Signora, per cortesia, _____ un parcheggio vicino alla stazione?

8. _____ i Musei Vaticani, per favore?

Quando chiediamo un'informazione su un posto che conosciamo, diciamo _____.

Quando chiediamo un'informazione su qualche cosa che non sappiamo se c'è,

diciamo _____.

9 *Sì* o *no?*

Guarda la cartina e di' se queste affermazioni sono vere o false.

	sì	no
1. L'ufficio postale è davanti alla chiesa.	☐	☐
2. L'edicola è accanto al supermercato.	☐	☐
3. Il distributore è di fronte alla stazione.	☐	☐
4. Il parcheggio è all'angolo.	☐	☐
5. Le cabine telefoniche sono fra la farmacia e il teatro.	☐	☐
6. La fermata dell'autobus è dietro l'ospedale.	☐	☐

10 Completa la tabella.

	+ il	+ lo	+ la	+ l'	+ i	+ gli	+ le
a	al						
da		dallo					dalle
di			della			degli	
in					nei		
su				sull'			

11 Completa le frasi con le preposizioni articolate.

1. (a) _____ prima traversa gira a sinistra e lì _____ angolo c'è la pizzeria.
2. (da) Desidero prenotare una camera singola _____ otto al quindici giugno.
3. (di) Avete un depliant _____ hotel con i prezzi _____ camere?
4. (su) Ho una bella camera con vista _____ piazza.
5. (in) L'albergo è _____ zona pedonale.
6. (a) Deve scendere _____ terza o _____ quarta fermata.
7. (di) La sera faccio una passeggiata per le strade _____ centro e guardo le vetrine _____ negozi.
8. (a) La farmacia è di fronte _____ edicola, accanto _____ banca.

l'edicola

12 In base al disegno rimetti in ordine le indicazioni sul percorso.

Per arrivare all'università vai dritto e poi prendi ...

L'università è lì di fronte
Vai ancora avanti e al secondo
la prima strada a sinistra. Attraversi
una piazza, continui ancora dritto e poi giri a
a una grande chiesa.
giri ancora a destra, in via Calepina.
incrocio
destra (all'angolo c'è un supermercato).

13 Esercitiamo la pronuncia

CD 51

a. Ripeti le parole facendo attenzione a come si pronunciano e a come si scrivono.

conosco – conosci
esco – esci
capisco – capisci
preferisco – preferisci

sciare – Ischia
esci – tedeschi
esce – tedesche
piscina – Peschici
scendere – bruschetta

> ### Infobox
>
> In Italia i negozi, ad eccezione dei supermercati e dei centri commerciali, sono chiusi tra le 12:30 / 13:00 e le 15:30 / 16:00.
> Anche le stazioni di servizio sono chiuse a pranzo, gli autogrill in autostrada no. I giornalai e i tabaccai sono aperti anche la domenica mattina.

b. Chiudi il libro, ascolta l'esercizio un'altra volta e scrivi le parole su un foglio.

c. Cerca di leggere le seguenti frasi. Poi ascoltale di nuovo e controlla la tua pronuncia.

CD 52

Francesca esce con due amiche tedesche.
Anche noi usciamo con amici tedeschi.
Conoscete Ischia?
Sul letto c'è il cuscino e nel bagno c'è l'asciugamano.
Marco va a sciare, Federica invece preferisce andare in piscina.
Prendiamo l'ascensore o scendiamo a piedi?

14 Ricapitoliamo

Descrivi la città dove abiti: com'è? Che c'è da vedere?
Sai descrivere il percorso da casa tua alla scuola?

Ogni sera scrivi in italiano cinque o sei cose che hai fatto durante la giornata.

1 Completa con l'infinito o con il passato prossimo.

infinito	*passato prossimo*	*infinito*	*passato prossimo*
andare	_____	_____	ho pranzato
_____	ho avuto	preferire	_____
dormire	_____	_____	sono salito/salita
_____	sono stato/stata	studiare	_____
fare	_____	_____	sono tornato/tornata
_____	ho guardato	uscire	_____
passare	_____	_____	ho visitato

2 Quante combinazioni sono possibili? Forma delle frasi.

1. Maria	hanno fatto	a lungo.
2. Noi	è stata	al cinema.
3. Enrico	ho dormito	a casa a mezzanotte.
4. Alessia	sono tornate	al museo.
5. Matteo e Paola	è andato	un giro in barca.
6. Io	abbiamo guardato	un momento libero.
7. Federica e Roberta	non ha avuto	la TV.

3 Una gita il fine settimana

Completa il dialogo tra Davide e Daniela.

■ Allora, Daniela, dove (essere) _____ _____ il fine settimana?

▼ Io? A Bolzano.

■ Ah, e cosa (fare) _____ _____ ?

▼ (visitare) _____ _____ un museo e (pranzare) _____ _____ in un locale tipico. E tu?

■ Anch'io (passare) _____ _____ due giornate splendide e intense.

▼ Ah, sì? Perché, dove (andare) _____ _____?

■ A Stromboli. Sai, (salire) _____ _____ sul vulcano e (dormire) _____ _____ _____ all'aperto.

4 Cosa raccontano queste persone?

1. Stamattina _____.
2. Ieri sera _____.
3. Domenica _____.
4. Ieri notte _____.

5 Rimetti in ordine le frasi.

1. momento · un · non · ho · libero · avuto
2. ieri · passato · Guglielmo · giornata · intensa · ha · una · molto
3. hanno · in · ristorante · pranzato · un · tipico
4. ieri Andrea · cinema · stati · sono · non · al · Fiorenza · e
5. non · oggi · dormito · Giuliano · bene · ha
6. in · siamo · Portogallo · andati · luglio · a

6 Completa le frasi con una delle due forme del superlativo assoluto come nell'esempio. Usa gli aggettivi della lista.

Questo caffè è *molto caldo.*
Questo caffè è *caldissimo.*

moderno

interessante   elegante

                                    sportivo

famoso

                    intenso

1. Silvio ha fatto un viaggio _____.
2. Carlo ha comprato un appartamento _____.
3. A Firenze ci sono negozi _____.
4. Giulia gioca a tennis, fa escursioni, va in bicicletta: è una persona _____.
5. L'Aida è un'opera italiana _____.
6. Ho passato due giornate _____ e non ho avuto un momento libero.

7 Classifica i verbi secondo la forma del participio passato.

andare   mettere   fare   avere   venire   prendere

tornare   essere   dormire   leggere   rimanere

Participio passato

regolare   *irregolare*

regolare	irregolare
andato	fatto

↠ Consiglio

Quando un verbo ha un participio passato irregolare, imparalo subito insieme all'infinito, con un esempio: leggere – Ho letto il giornale.

8 Coniuga i verbi e completa i dialoghi.

1. ■ Franco, ieri (rimanere) _____

   _____ a casa?

   ▼ No, (andare) _____ _____ al lago

   con Marta.

   ■ E che cosa (voi-fare) _____ _____

   di bello?

   ▼ (prendere) _____ il sole

   e (andare) _____ _____ in barca.

2. ■ E Lei signora, dove (passare) _____

   _____ il fine settimana?

   ▼ (essere) _____ _____ a Bologna.

   ■ E cosa (vedere) _____ _____

   di interessante?

   ▼ La pinacoteca.

3. ■ Valeria, cosa (fare) ____ _____ ieri?

   ▼ (rimanere) _____ _____ _____ a casa

   e (lavorare) ___ _ _____ tutto il giorno.

   Prima (mettere) ____ _____ in ordi-

   ne la casa, poi (cucinare) _____

   _____ e il pomeriggio (stirare)

   ____ _____ .

4. ■ (tu-leggere) _____ _____

   il giornale oggi?

   ▼ No, ma (ascoltare) _____ _____

   il giornale radio.

9 Completa le frasi con le preposizioni *in* ed *a*.

1. ■ Avete mangiato _____ casa ieri?

   ▼ No, siamo stati _____ un ristorante cinese.

2. ■ Andiamo _____ fare la spesa?

   ▼ No, preferisco rimanere qui. Voglio mettere _____ ordine la casa.

3. ■ Dove andate _____ vacanza quest'anno?

   ▼ Prima _____ Parigi e poi forse anche _____ Danimarca.

4. ■ Sabato hai giocato _____ tennis?

   ▼ No, ho fatto un giro _____ bicicletta.

5. ■ Vieni _____ discoteca stasera?

   ▼ No, voglio andare _____ letto presto.

10 Trasforma le frasi come nell'esempio.

Di solito la mattina *metto* in ordine l'appartamento.
Ma stamattina *ho messo* in ordine solo la mia camera.

1. La mattina mangio sempre pane e marmellata.

   Ma oggi _____ un cornetto.

2. In gennaio Livia e Stefania vanno sempre a sciare.

   Ma quest'anno _____ alle Maldive.

3. Di solito il giovedì Luigi va a teatro.

   Ma giovedì scorso _____ al cinema.

4. A colazione prendiamo quasi sempre il caffè.

   Ma stamattina _____ il tè.

5. Di solito Marianna legge *la Repubblica*.*

   Ma l'altro ieri _____ il *Corriere della Sera*.*

6. Ogni domenica faccio un giro in bicicletta.

   Ma domenica scorsa _____ un giro in macchina.

7. Di solito Lucia dorme molto bene.

   Ma ieri notte _____ proprio male.

8. Di solito la baby-sitter viene il mercoledì.

   La settimana scorsa però non _____.

* La Repubblica , il Corriere della Sera
= giornali italiani

11 Completa con *tutto il* o *tutta la*.

1. Alberta è rimasta _____ giorno a casa.
2. Ho dormito _____ pomeriggio.
3. Abbiamo ballato _____ notte.
4. Stamattina sono stato _____ tempo in spiaggia.
5. Gianni ha passato _____ fine settimana a casa.
6. Franco ha lavorato _____ domenica.

12 Che tempo fa?

Completa il dialogo.

■ Qui a Roma oggi c'è un bel sole e _____ molto _____.

▼ Invece qui a Trieste il tempo è brutto.

■ _____?

▼ No, ma c'è molto _____ e fa _____.

caldo

fa

freddo

piove

vento

13 Metti le frasi alla forma negativa.

1. Ieri ho lavorato. _____
2. Ho visto tutto. _____
3. Stanotte ho dormito bene. _____
4. Piove ancora. _____
5. Ho avuto molto da fare. _____
6. Vado sempre a ballare. _____
7. Fa ancora caldo. _____
8. Oggi Franco è rimasto a casa. _____

non ... mai

non

non ... niente

non ... più

14 "Qualche" o "di + articolo"?

Cosa metti: Qualche o di + articolo?

1. Ieri c'è stato _____ temporale, ma ora il tempo è bello.
2. Abbiamo fatto _____ passeggiate in montagna.
3. In vacanza hai provato _____ piatto tipico?
4. Avete visitato _____ musei interessanti?
5. Oggi fa caldo, ma c'è ancora _____ nuvola.
6. Conosci _____ albergo non troppo caro a Venezia?
7. Abbiamo comprato _____ bottiglia di vino.
8. Ci sono ancora _____ trattorie aperte?

Adesso trasforma le frasi usando di + articolo *al posto di* qualche *e viceversa.*

 15 Esercitiamo la pronuncia

CD 56   *Ascolta i dialoghi attentamente. Quali parole sono legate? Segnale come nell'esempio.*
Poi ascolta di nuovo i dialoghi e ripeti.

Abbiamo pranzato *in un* ristorante tipico.

1. Non ho avuto un momento libero.
2. Dopo cena sei stata al cinema?
3. Guido è andato al mare per una settimana.
4. Siete tornati al lago anche ieri?
5. Ho messo in ordine la casa.
6. Luca non è venuto a scuola.
7. Abbiamo dormito in un albergo in montagna.
8. Sei andato ad Assisi da solo o con amici?

> **Infobox**
>
> La maggior parte degli italiani va in vacanza in agosto, perché questo è il mese in cui chiudono le fabbriche, le industrie e molti uffici. Di solito il rientro dalle vacanze comincia dopo la festa del 15 agosto (Ferragosto).

 16 Ricapitoliamo

Che cosa hai fatto ieri, lo scorso fine settimana, in vacanza?
E com'è il tempo adesso?

Non imparare solo le parole che trovi nel libro, impara anche quelle che senti in altre situazioni e che per te sono importanti.

1 In ogni gruppo c'è una parola che non va bene con le altre. Qual è?

1. prosciutto · salame · carne · mortadella
2. ciliegie · uova · pesche · arance
3. carne · pesce · pesche · uova
4. aglio · cipolla · carote · uva
5. olio · burro · latte · formaggio
6. zucchero · patate · miele · biscotti

2 Quante combinazioni sono possibili?

carne macinata
un pacco di pasta
salame
un litro di uova
un chilo di patate
un etto di latte
mezzo chilo di cipolle
sei riso
prosciutto
bistecche
uva
vino

3 Chi lo dice? Il commesso o il cliente?

	Commesso	Cliente
1. Che cosa desidera oggi?	☐	☐
2. Va bene così?	☐	☐
3. Ha del parmigiano?	☐	☐
4. Nient'altro, grazie.	☐	☐
5. Quanti ne vuole?	☐	☐
6. Si accomodi alla cassa.	☐	☐
7. Altro?	☐	☐
8. Ne vorrei mezzo chilo.	☐	☐

4 Completa con *di + articolo*.

1. Vorrei _____ aglio.
2. Ha _____ parmigiano stagionato?
3. Puoi comprare _____ latte e _____ uova?
4. Ha _____ uva buona?
5. Ho comprato _____ ciliegie e _____ pesche.
6. Vorrei _____ carne macinata.
7. Il pane è finito. Vanno bene anche _____ panini?

Esercizi

8

5 Completa i dialoghi con i pronomi *lo, la li, le*.

1. ■ Sei peperoni, per cortesia.
   ▼ _____ vuole rossi o gialli?

2. ■ Il parmigiano fresco o stagionato?
   ▼ _____ preferisco piuttosto stagionato.

3. ■ Ti piace il pesce?
   ▼ Sì, _____ mangio spesso.

4. ■ Ancora qualcos'altro?
   ▼ Della mortadella, ma _____ vorrei affettata sottile.

5. ■ Ha dell'uva buona?
   ▼ Certo. _____ preferisce bianca o nera?

6. ■ Ci sono i ravioli oggi?
   ▼ Sì, _____ vuole al pomodoro o al ragù?

7. ■ Compri tu le olive?
   ▼ Sì. _____ prendo verdi o nere?

8. ■ Non ci sono più uova.
   ▼ Non c'è problema*, _____ compro io.

* non c'è problema = ok, va bene

6 Trasforma le frasi come nell'esempio.

Costruzione normale della frase
Preferisce il prosciutto cotto o crudo?

Inversione del complemento oggetto
Il prosciutto lo preferisce cotto o crudo?

1. Compro quasi sempre la frutta al mercato.
2. Può affettare il salame molto sottile?
3. Come vuole le olive? Nere o verdi?
4. Non mangio quasi mai la pasta.
5. Vuole il latte fresco o a lunga conservazione?
6. Compri tu i peperoni?

_____
_____
_____
_____
_____
_____

☞→ **Consiglio**

Impara gradatamente, ogni tanto fai una pausa e muoviti.
Ti sentirai più fresco e riposato.

7 *Lo, la, li, le* o *ne*? Completa.

1. Prendo le ciliegie, ma _____ vorrei buone.

2. Prendo le pesche, ma _____ vorrei solo un chilo.

3. Non amo molto i dolci: _____ mangio pochi.

4. I dolci non _____ mangio molto spesso.

5. Il vino _____ preferisce rosso o bianco?

6. Il vino a tavola c'è sempre. A pranzo _____
   bevo uno o due bicchieri.

7. La pasta mi piace e _____ mangio molta.

8. La pasta mi piace e _____ mangio spesso.

Infobox

Anche in Italia, come in altri Paesi, c'è una grande richiesta di prodotti biologici e naturali. Prima era possibile comprare questi prodotti solo in pochi negozietti e a un prezzo molto alto. Adesso invece si vendono in tutti i grandi supermercati e non sono più tanto cari.

8 In salumeria

Completa il dialogo con i pronomi diretti *e con* ne.

■ Cosa desidera oggi?

▼ Due etti di salame. Ma _____ vorrei sottile,
  per cortesia.

■ Certo, signora. Ancora qualcosa?

▼ Sì. Delle olive.

■ _____ preferisce verdi o nere?

▼ Verdi.

■ Quante _____ vuole?

▼ Circa due etti.

■ Benissimo. Qualcos'altro?

▼ Sì, del parmigiano e poi ... un pacco
  di zucchero.

■ Il parmigiano _____ vuole fresco o stagionato?

▼ Stagionato. _____ vorrei circa due etti
  e mezzo.

■ Altro?

▼ No, nient'altro, grazie.

9 Completa le frasi con il *si* impersonale e con i seguenti verbi.

1. Con il pesce non _____ il vino rosso.

2. Al supermercato _____ comprare anche tanti prodotti freschi.

3. In macelleria di solito non _____ i salumi.

4. Le lasagne _____ con la carne macinata.

5. Il formaggio _____ anche con le pere.

6. In Italia di solito al Nord _____ con il burro e al Sud con l'olio d'oliva.

7. Dopo pranzo non _____ il cappuccino.

mangiare

fare   cucinare

potere   vendere   prendere

bere

10 Una ricetta

Sai come si prepara il ragù? Completa la ricetta con i verbi all'infinito.

_____ a pezzettini una carota, uno spicchio d'aglio, una cipolla e una costa di sedano. Fare _____ il tutto in un po' d'olio. Quando le verdure sono ben rosolate _____ circa mezzo chilo di carne macinata, _____ bene, far cuocere, _____ e pepare. Poi _____ mezzo bicchiere di vino bianco o rosso. Quando il vino è ben evaporato, aggiungere due scatole da mezzo chilo di pomodori pelati. Far _____ a fuoco basso per alcune ore.

cuocere

mescolare

salare

rosolare

aggiungere

versare

tagliare

11 Cruciverba

Completa il cruciverba. Alla fine potrai leggere il nome di un oggetto che si usa quando andiamo al supermercato.

12 Esercitiamo la pronuncia

CD 60

Segna cosa senti: una b o una p?

	1	2	3	4	5	6	7	8	9	10	11	12	13	14
b	☐	☐	☐	☐	☐	☐	☐	☐	☐	☐	☐	☐	☐	☐
p	☐	☐	☐	☐	☐	☐	☐	☐	☐	☐	☐	☐	☐	☐

13 Ricapitoliamo

Cosa ti piace o non ti piace mangiare? Qual è il tuo piatto preferito? Con quali ingredienti lo prepari?

Esercizi

8

1 La giornata di Gabriella

Completa con le preposizioni.

Gabriella è bibliotecaria.

1. Comincia a lavorare _____ 8.30.
2. Lavora _____ 8.30 _____ 18.30.
3. Fa una pausa _____ le 12.30 e le 15.00.
4. Il sabato lavora fino _____ 13.30.

BIBLIOTECA CIVICA
ORARIO NEI GIORNI FERIALI
8.30 – 18.30
SABATO 8.30 – 13.30

2 Che giorno, che mese, che stagione?

Qual è ...
1. ... il giorno dopo il mercoledì? _____
2. ... il mese fra giugno e agosto? _____
3. ... il giorno prima del lunedì? _____
4. ... il mese fra marzo e maggio? _____
5. ... la stagione dopo l'inverno? _____
6. ... la stagione prima dell'autunno? _____

3 La giornata di Giovanni

Completa il testo con i verbi.

Giovanni racconta: _____ panettiere. La mattina _____ presto perché _____ a lavorare alle quattro. Di solito _____ fino all'una. Dopo il lavoro _____ a casa e _____ un po'. Il pomeriggio _____ libero e _____ tempo per la famiglia. La sera _____ a letto presto.

alzarsi   andare

avere   essere   lavorare

cominciare   riposarsi

essere

tornare

4 Completa lo schema con gli aggettivi o con gli avverbi.

raro	raramente
tranquillo	_____
_____	veramente
tipico	_____
_____	semplicemente
elegante	_____
_____	regolarmente
particolare	_____
_____	naturalmente
industriale	_____

5 Aggettivo o avverbio? Completa con le desinenze giuste.

1. La camera è tranquill_____?
2. Ho dormito tranquill_____.
3. Lavoro in una zona industrial_____.
4. Questa mozzarella è prodotta industrial_____.
5. È un lavoro particolar_____ duro.
6. Faccio un lavoro un po' particolar_____.
7. Questi sono tutti prodotti natural_____.
8. Dopo il lavoro natural_____ sono stanco.

 6 Completa lo schema con le forme verbali mancanti.

	lavarsi	*vestirsi*
io	mi lavo	_____
tu	_____	ti vesti
lui, lei, Lei	si lava	_____
noi	_____	ci vestiamo
voi	vi lavate	_____
loro	_____	si vestono

7 Completa le frasi con i pronomi e con le desinenze verbali.

1. La mattina noi ____ alz_____ alle sei.
2. Dopo il lavoro Luisa ____ ripos_____ un po'.
3. I bambini ____ svegli_____ alle sette, poi ____ alz_____ e ____vest_____.
4. Voi ____ ripos_____ il pomeriggio?
5. Roberto, a che ora ____ alz_____ di solito?
6. Quando fa molto caldo, io ____ lav_____ spesso con l'acqua fredda.

8 Luca racconta la sua giornata.

Scrivi un testo alla prima persona singolare. Se vuoi, puoi usare anche prima, poi, di solito, a volte, sempre, spesso ecc.

7.00	svegliarsi
7.10	alzarsi, lavarsi e vestirsi
7.30	fare colazione
8.00	uscire di casa e andare in banca, dove lavorare
8.30	cominciare a lavorare
13.00 – 14.00	fare una pausa per il pranzo
17.00	finire di lavorare e tornare a casa
17.30	riposarsi un po'
20.00	cenare, guardare la televisione o leggere un po'
23.00	andare a letto

La mattina io ...

Adesso riscrivi il testo alla terza persona singolare.

La mattina Luca ...

9 Conosci gli italiani?

Completa il testo con le parole della lista.

Secondo una statistica gli italiani non sono campioni di creatività e fantasia. Di solito escono di _____ verso le sette e mezza e vanno al lavoro in _____. Il 46% fa _____ al bar. Agli italiani non piace _____ lavoro, preferiscono avere un _____ fisso fino alla _____. La sera la passano di solito a casa e cenano davanti alla _____. Per divertirsi escono solo di _____ e incontrano sempre gli stessi _____. Un italiano su tre va al cinema, il 73% va a _____ sempre nello stesso ristorante. E oggi è anche routine _____ con la playstation o _____ su Internet.

colazione

amici

posto

navigare

casa

macchina

giocare

mangiare

pensione

cambiare

TV

sabato

10 Cosa dici…

1. … ad una persona che compie gli anni? _____

2. … ad una persona che parte per le vacanze? _____

3. … a Natale? _____

4. … a Capodanno? _____

5. … a Pasqua? _____

Infobox

Le feste.

La festa religiosa più importante è il Natale, che si festeggia il 25 dicembre. Il 24 dicembre, la vigilia di Natale, è un giorno lavorativo; molti cattolici, comunque, vanno alla messa di mezzanotte. L'altra grande festa religiosa è la Pasqua, che si festeggia ogni anno in una data diversa, comunque sempre in una domenica tra marzo e aprile. In molte città italiane si festeggia anche il santo protettore (il patrono) della città. Per es. S. Antonio a Padova, S. Gennaro a Napoli. Tra i giorni festivi c'è il 15 agosto (Ferragosto), che celebra l'assunzione di Maria, il 1° novembre (la festa di tutti i santi), l'8 dicembre (l'Immacolata Concezione) e il 26 dicembre (S. Stefano). Le feste non religiose più importanti sono il 25 aprile (il giorno della liberazione), il 1° maggio (la festa dei lavoratori) e il 1° gennaio.

---

11 Esercitiamo la pronuncia

CD 63

a. *Senti* t *o* tt?

	1	2	3	4	5	6
t	☐	☐	☐	☐	☐	☐
tt	☐	☐	☐	☐	☐	☐

b. *Senti* p *o* pp?

	1	2	3	4	5	6
p	☐	☐	☐	☐	☐	☐
pp	☐	☐	☐	☐	☐	☐

c. *Senti* m *o* mm?

	1	2	3	4	5	6
m	☐	☐	☐	☐	☐	☐
mm	☐	☐	☐	☐	☐	☐

d. *Senti* n *o* nn?

	1	2	3	4	5	6
n	☐	☐	☐	☐	☐	☐
nn	☐	☐	☐	☐	☐	☐

e. *Riascolta tutte le parole e scrivile.*

---

12 Ricapitoliamo

Com'è la tua giornata? E il fine settimana? Descrivi la tua giornata e le tue abitudini.

↝ Consiglio

Anche nella vita di tutti i giorni puoi esercitare l'italiano. Se per esempio leggi una rivista di moda, puoi cercare di ricordare come si dicono i nomi dei vestiti in italiano. Oppure puoi cercare di ricordare i nomi dei colori e degli oggetti che vedi intorno a te.

1 Completa i nomi dei colori con le desinenze giuste.

1. Martina oggi indossa dei pantaloni ner___, una camicetta celest___ e una giacca bianc___.
2. Sergio per andare in ufficio mette un vestito grig___ o marron___.
3. Giuseppe oggi ha messo i jeans con una camicia verd___ e una giacca ner___.
4. Eva porta spesso una gonna bl___ e una camicetta ros___.
5. Franco indossa volentieri i pantaloni grig___ con un pullover ross___.
6. A Giuliana piacciono le gonne giall___, azzurr___, verd___ o ross___.

2 Collega le domande con le risposte.

1. Che taglia porta?
2. Desidera?
3. Questo modello come Le sembra?
4. Quanto costa questa borsa?
5. Se la camicia non va bene, la posso cambiare?
6. Il giallo non è un colore troppo vivace per me?

a. Certo. Però deve conservare lo scontrino.
b. Ma no, Le sta benissimo!
c. Cerco degli stivali di pelle.
d. La 42.
e. 147 €.
f. Mah, forse è un po' troppo classico.

3 Completa con i pronomi.

1. Preferisco i colori vivaci, il nero non _____ piace.
2. Marina non indossa le gonne. Dice che non _____ stanno bene.
3. Signora, _____ piacciono questi pantaloni?
4. Giovanni preferisce i pantaloni sportivi, _____ piacciono soprattutto i jeans.
5. Giorgio, _____ piace questa giacca?
6. Questi stivali _____ sembrano troppo sportivi; non li compro.
7. Roberto e Giulio non mettono mai i jeans. _____ piace essere eleganti.
8. Sabrina, come _____ sembra questo cappotto? _____ piace?

4 *Quello, quella, quelli o quelle?*

1. Mi piace il vestito giallo, ma non _____ verde.
2. Indosso sempre abiti sportivi, ma mai _____ eleganti.
3. Preferisci le scarpe basse o _____ con il tacco alto?
4. Perché non prova questa gonna nera invece di _____ blu?
5. Questi stivali sono meno cari di _____ .
6. Porta più volentieri le camicie a righe o _____ a quadri?

5 Completa con *quel, quello, quella, quell', quei, quegli, quelle.*

1. Mi piace _____ pullover.
2. _____ pantaloni sono troppo cari.
3. Ti piace _____ giacca?
4. Quanto costano _____ scarpe?
5. Che ne dici di _____ stivali?
6. Vorrei provare _____ impermeabile.
7. Le piacciono _____ mocassini?
8. _____ scialle non mi piace proprio.

6 Qual è il contrario?

Questo vestito è *troppo elegante*, ne vorrei uno *più sportivo*.

1. Questa gonna è troppo corta, preferisco le gonne _____ .
2. Questo pullover è troppo giovanile, ne vorrei uno _____ .
3. Queste scarpe sono troppo sportive, a me piacciono _____ .
4. Questi jeans sono troppo larghi, a me piacciono _____ .
5. Questa taglia è troppo grande. Vorrei provare una taglia _____ .
6. Queste scarpe hanno il tacco troppo alto, preferisco quelle con il tacco _____ .

▷ Consiglio

Impara sempre i contrari insieme (per es. lungo – corto). Si ricordano meglio.

7 Come si può dire invece di...?

1. Franca porta un vestito molto corto.   *cortissimo*
2. Mi piacciono i jeans molto aderenti.   _____
3. Piero ha un pullover molto largo.   _____
4. I giovani indossano vestiti molto colorati.   _____
5. Quella gonna è molto elegante.   _____
6. Queste scarpe sono molto care.   _____
7. Odio i cappotti molto pesanti.   _____
8. Quella giacca è molto stretta.   _____

8 Completa le frasi con gli aggettivi della lista e con *di + articolo*.

1. I pantaloni sono più _____ _____ gonne.
2. Il Tevere è meno _____ _____ Po.
3. Il supermercato è meno _____ _____ negozio di prodotti biologici.
4. Le scarpe con il tacco alto sono meno _____ _____ mocassini.
5. La birra è meno _____ _____ vino.
6. Il Colosseo è più _____ _____ Arena di Verona.
7. Le arance sono meno _____ _____ ciliegie.
8. L'inverno è più _____ ____ autunno.

| alcolico |
comodo	dolce
pratico	caro	grande
freddo	lungo

9 Sottolinea i diminutivi.

accendino · anellino · appartamentino · argentino · bambino · bicicletta · brillantino · cappuccino · cartolina · cornetto · cotoletta · cucina · cuscino · giardino · gruppetto · lavoretto · magazzino · mattina · mocassino · negozietto · officina · paesino · porcino · scontrino · spaghetti · vetrina · villino

10 Cosa comprano queste persone?

Completa le frasi con le parole della lista.

accendino

mocassini

francobolli

vocabolari

valigia

yogurt

prosciutto

1. Quattro cartoline, due _____ e un _____.
2. Questi _____ sono un po' grandi. Posso provare il 38?
3. Scusi, dove sono i _____ e i libri d'arte?
4. Scusi, a quale cassa posso pagare questa _____?
5. Un etto di _____ e tre confezioni di _____.

11 Esercitiamo la pronuncia

CD 68   *Senti c, cc, g o gg?*

	1	2	3	4	5	6	7	8	9	10	11	12	13	14	15
c	☐	☐	☐	☐	☐	☐	☐	☐	☐	☐	☐	☐	☐	☐	☐
cc	☐	☐	☐	☐	☐	☐	☐	☐	☐	☐	☐	☐	☐	☐	☐
g	☐	☐	☐	☐	☐	☐	☐	☐	☐	☐	☐	☐	☐	☐	☐
gg	☐	☐	☐	☐	☐	☐	☐	☐	☐	☐	☐	☐	☐	☐	☐

12 Ricapitoliamo

Che cosa indossi in questo momento? Che tipo di abbigliamento preferisci? Che colori?
Cosa compreresti in Italia? Cosa diresti in un negozio di abbigliamento in Italia?

Infobox

L'orario di apertura e chiusura dei negozi cambia da regione a regione ed a volte anche da città a città della stessa regione, anche in base alla stagione (specialmente nelle zone turistiche). Durante la settimana tutti i negozi hanno una o mezza giornata di chiusura.

Gli sconti si possono chiedere solo in certi negozi. Non si chiedono mai ad esempio nei grandi magazzini o nei negozi delle grandi "catene" (Benetton, Upim, Feltrinelli, ecc.). Al mercato di solito lo sconto non si chiede per i prodotti alimentari, mentre è abbastanza frequente chiederlo quando si comprano scarpe, vestiti o prodotti per la casa.

Esercizi

10

GRAMMATICA

Indice

Questo sommario di grammatica offre una visione d'insieme di tutte le nozioni grammaticali trattate nel manuale **Espresso 1**. Non si tratta, comunque, di un compendio completo.

Esso va infatti inteso come libro di consultazione per chiarimenti. Si consideri anche che alla fine di ogni lezione è presente una pagina di riepilogo grammaticale.

Lista dei termini grammaticali

Accusativo
Aggettivo
Articolo
     determinativo
     indeterminativo
     partitivo
Ausiliare
Avverbio
Comparativo
Complemento
Coniugazione
Congiunzione
Consonante
Dativo
Femminile
Indicativo
Infinito
Interrogativo
Maschile
Negazione
Nome
Particella
Participio
Passato prossimo
Plurale
Preposizione
Presente
Pronome
Pronome/aggettivo dimostrativo
Pronome/aggettivo indefinito
Pronome/aggettivo interrogativo
Pronome personale
Pronome personale complemento
     diretto
     indiretto
Riflessivo
Singolare
Soggetto
Sostantivo
Superlativo
     assoluto
Verbo
Verbo modale
Vocale

G

Suoni e scrittura

L'alfabeto

L'alfabeto italiano ha 21 lettere, + 5 lettere presenti in parole straniere
o di origine straniera.

a (a)	**h** (acca)	**q** (cu)	*Lettere straniere:*
b (bi)	**i** (i)	**r** (erre)	
c (ci)	**l** (elle)	**s** (esse)	**j** (i lunga)
d (di)	**m** (emme)	**t** (ti)	**k** (cappa)
e (e)	**n** (enne)	**u** (u)	**w** (doppia vu)
f (effe)	**o** (o)	**v** (vi/vu)	**x** (ics)
g (gi)	**p** (pi)	**z** (zeta)	**y** (ipsilon/i greca)

Lez. 3

La pronuncia

In italiano le parole si leggono fondamentalmente così come si scrivono.
Ci sono comunque delle particolarità:

Lettera singola/composta	*Pronuncia*	*Esempio*
c (+ a, o, u)	[k]	**ca**rota, **co**lore, **cu**oco
ch (+ e, i)		an**che**, **chi**lo
c (+ e, i)	[ʧ]	**ce**llulare, **ci**ttà
ci (+ a, o, u)		**cia**o, **cio**ccolata, **ciu**ffo
g (+ a, o ,u)	[g]	**Ga**rda, **go**nna, **gu**anto
gh (+ e, i)		lun**ghe**, **ghi**accio
g (+ e, i)	[ʤ]	**ge**lato, **Gigi**
gi (+ a, o, u)		**gia**cca, **gio**rnale, **giu**sto
gl	[ʎ]	**gli**, bi**gli**etto, fami**gli**a
gn	[ɲ]	dise**gn**are, si**gn**ora
h	non si pronuncia	**h**otel, **h**o, **h**anno
qu	[ku]	**qu**asi, **qu**attro, **qu**esto
r	[r] vibrante	**r**iso, **r**osso, **r**isposta
sc (+ a, o, u)	[sk]	**sc**arpa, **sc**onto, **scu**ola

sch (+ e, i)		**sch**ema, **schi**avo
sc (+ e, i)	[ʃ]	**sc**elta, **sci**
sci (+ a, e, o, u)		**sci**arpa, **sci**enza, la**sci**o, **sci**upare
v	[v]	**v**ento, **v**erde, **v**erdura

Osservate: **qu** *si pronuncia k + u (e non k + w).*

Nei dittonghi (due vocali insieme) ogni vocale mantiene per lo più il proprio suono, cioè le vocali si pronunciano separatamente, come ad esempio nelle parole *Europa* (e – u), *vieni* (i – e), *pausa* (a – u).
Le consonanti doppie devono essere pronunciate in modo distinto e la vocale che precede è breve: *vasetto, notte, valle, ufficio, troppo.*

L'accento

strada	(accento sulla penultima sillaba)
medico	(accento sulla terz'ultima sillaba)
telefonano	(accento sulla quart'ultima sillaba)
città	(accento sull'ultima sillaba)

Nella maggior parte delle parole italiane l'accento cade sulla penultima sillaba; ci sono però anche parole con accento sulla terz'ultima, quart'ultima e ultima sillaba. Solo nel caso di parole accentate sull'ultima sillaba si mette un accento grafico.
In alcuni casi si mette un accento grafico su parole monosillabiche identiche ma di significato diverso:

sì affermativo   **si** impersonale

L'italiano ha due accenti: *accento grave* come nella parola *caffè*
e *accento acuto* come nella parola *perché.*

Proposizioni enunciative e interrogative

La costruzione della frase in italiano è uguale sia nelle proposizioni enunciative che interrogative. L'unica differenza consiste nella melodia della frase (verso l'alto nella proposizione interrogativa).

Claudia è di Vienna.

Claudia è di Vienna?

Il nome

Il genere

I nomi possono essere maschili o femminili. La maggior parte dei nomi in *-o* è maschile, la maggior parte di quelli in *-a* è femminile. I nomi in *-e* possono essere sia maschili che femminili

Esistono anche nomi femminili in *–o: la mano, la radio, la moto, la fotografia, l'auto.*
Viceversa, si trovano a volte nomi maschili in *-a: il cinema, il problema.*
I nomi che finiscono con una consonante di solito sono maschili: *il bar, lo sport.*

maschile	femminile
il libr**o**	la cas**a**
il signor**e**	la pension**e**

Lez. 2

I nomi di persona

Per i nomi che si riferiscono agli esseri viventi di solito il genere grammaticale corrisponde al genere naturale.
Nella maggioranza dei casi la vocale finale maschile è *-o* e quella femminile è *-a*.

In alcuni casi esiste invece una sola forma per maschile e femminile.

maschile	femminile
il comless**o**	la commess**a**
il bambin**o**	la bambin**a**

maschile	femminile
il colleg**a**	la colleg**a**
il turist**a**	la turist**a**
il frances**e**	la frances**e**
il client**e**	la client**e**

Alcuni nomi di persona che terminano al maschile in *-e* formano il femminile in *-essa;* i sostantivi in *-tore* formano il femminile in *-trice.*

Lez. 2

maschile	femminile
lo student**e**	la student**essa**
il tradutt**ore**	la tradutt**rice**

I suffissi

I suffissi modificano il significato dei nomi. I suffissi in *-ino* e in *-etto* si usano per formare i dimi-nutivi o i vezzeggiativi.

> anell**ino** = piccolo anello
> mamm**ina** = mamma buona e dolce
> libr**etto** = piccolo libro
> cas**etta** = casa piccola e carina

Alcuni nomi con suffissi hanno un significato proprio, per esempio *il telefonino* (telefono cellula-re).

Lez. 10

Il plurale

Formazione del plurale

I nomi maschili in *-o* e in *-e* formano il plurale in *-i*.
I nomi femminili in *-a* hanno il plurale in *-e;* i nomi femminili in *-e* formano il plurale in *-i*.

	singolare	plurale
maschile	il negozio	i negozi
	il ponte	i ponti
femminile	la casa	le case
	la notte	le notti

I nomi maschili in *-a* hanno il plurale in *-i*.

singolare	plurale
il problema	i problemi
il turista	i turisti

La forma femminile *la turista* diventa al plurale: *le turiste*.

Particolarità nella formazione del plurale

Desinenze invariabili

Tutti i nomi (sia maschili che femminili) che terminano con una sillaba accentata o con una consonante sono invariabili. Anche le abbrevia-zioni *la foto* (*fotografia*), *la bici* (*bicicletta*), *il cinema* (*cinematografo*) rimangono invariate.

	singolare	plurale
maschile	il caffè	i caffè
	il film	i film
femminile	la città	le città
	la bici	le bici

Lez. 3

I nomi in *-ca/-ga, -co/-go, -cia/-gia* e in *-io*

I nomi in *-ca/-ga*
hanno il plurale in *-che/-ghe*.

l'ami**ca** - le ami**che**

I nomi in *-co/-go* formano il plurale in
-chi/-ghi, se hanno l'accento sulla penultima
sillaba.

il tede**sco** – i tede**schi**
l'albe**rgo** – gli albe**rghi**

Eccezione: l'ami**co** – gli ami**ci**

I nomi in *-co/-go*, con accento sulla terz'ultima
sillaba hanno il plurale in *-ci/-gi*.

il me**dico** – i me**dici**
l'aspa**rago** – gli aspa**ragi**

I nomi in *-cia/-gia* hanno il plurale in *-ce/-ge*, se
la vocale finale è preceduta da una consonante.
Se la vocale finale è preceduta da un'altra vocale
o è una *-i-* accentata, i nomi hanno il plurale in
-cie/-gie.

la man**cia** – le man**ce**	la spia**ggia** – le spia**gge**
la cami**cia** – le cami**cie**	la vali**gia** – le vali**gie**
la farma**cia** – le farma**cie**	

I nomi in *-io* di solito hanno il plurale in *-i*.

il nego**zio** – i nego**zi**
il viag**gio** – i viag**gi**

Se la *-i-* della desinenza *-io* ha l'accento, la *-i-*
rimane anche nel plurale.

lo z**io** – gli z**ii**

Plurali irregolari

singolare	plurale
l'uovo	le uova
il paio	le paia
la mano	le mani

Esistono alcuni nomi che hanno solo il singolare e altri che hanno solo il plurale.

Qui c'è troppa gente. (la gente, *sing.*)
Ho comprato dei pantaloni di lana. (i pantaloni, *pl.*)
Ho visitato i dintorni di Firenze. (i dintorni, *pl.*)

Lez. 6·10

L'articolo

La forma dell'articolo determinativo e indeterminativo cambia a seconda del genere e della lettera iniziale del nome che segue.

L'articolo indeterminativo

	maschile	femminile
davanti a consonante	**un** gelato	**una** camera
davanti a vocale	**un** amico	**un'**amica
davanti a h	**un** hotel	
davanti a s + consonante	**uno** straniero	
davanti a z	**uno** zucchino	
davanti a ps	**uno** psicologo	
davanti a y	**uno** yogurt	

Lez. 2

L'articolo determinativo

	maschile		femminile	
	singolare	plurale	singolare	plurale
davanti a consonante	**il** gelato	**i** gelati	**la** camera	**le** camere
davanti a vocale	**l'**amico	**gli** amici	**l'**amica	**le** amiche
davanti a h	**l'**hotel	**gli** hotel		
davanti a s + consonante	**lo** straniero	**gli** stranieri		
davanti a z	**lo** zucchino	**gli** zucchini		
davanti a ps	**lo** psicologo	**gli** psicologi		
davanti a y	**lo** yogurt	**gli** yogurt		

Lez. 1·2
3

Uso dell'articolo determinativo

L'articolo determinativo si usa sempre

◆ davanti a *signore/signora* e davanti ai titoli che precedono un nome:

Le presento **il signor** Carli.
Le presento **la signora** Attolini.
Le presento **il dottor** Carli.

Lez. 2

(però quando ci si rivolge direttamente a qualcuno, l'articolo determinativo non si usa:

Buongiorno, **signor** Carli.
Buongiorno, **signora** Attolini.
Buongiorno, **dottor** Carli.)

♦ davanti ai nomi di lingua:

Lez. 2   Studio **il tedesco**, **l'inglese** e **lo svedese**.

(ma posso anche non usarlo: Studio **tedesco**, **inglese** e **svedese**.)

♦ davanti ai nomi di nazioni:

La Germania è un paese industriale.

L'articolo non si usa invece quando il nome di una nazione è in combinazione con la preposizione **in**:

Lez. 2   Vado spesso in Italia.

♦ per l'orario:

Lez. 4   Sono **le dieci**.

La presenza dell'articolo determinativo davanti ad un giorno della settimana indica "ogni giorno", invece l'assenza dell'articolo indica il giorno "dopo" o "prima".

Il sabato vado a teatro. (ogni sabato)
Sabato vado a teatro. (sabato prossimo)
Sabato sono andato a teatro. (sabato scorso)

Lez. 5   I nomi dei mesi hanno l'articolo determinativo solo in combinazione con un aggettivo.

Agosto è un mese molto caldo.
L'agosto scorso sono stata in Italia.

L'articolo partitivo

L'articolo partitivo (la preposizione **di** + l'articolo determinativo), indica una parte, una quantità indeterminata e significa "un po'", "qualche" o "alcuni, alcune".

Vorrei **del** formaggio. (un po' di formaggio)
Ho comprato **del** pesce. (un po' di pesce)
Lez. 6·8   Ho mangiato **delle** arance. (alcune arance)
Ho incontrato **degli** amici. (alcuni amici)

L'aggettivo

Le forme

Gli aggettivi concordano nel genere e nel numero con i nomi cui si riferiscono.
La maggior parte degli aggettivi maschili ha il singolare in -*o*, gli aggettivi femminili hanno per lo più il singolare in -*a*. Gli aggettivi in -*e* hanno invece la stessa forma sia per il maschile che per il femminile.

maschile	femminile
un museo famos**o**	una chiesa famos**a**
un museo interessant**e**	una chiesa interessant**e**

Lez. 6

Accordo dell'aggettivo

Gli aggettivi in -*o* hanno al plurale la desinenza -*i*, gli aggettivi in -*a* la desinenza -*e*. Gli aggettivi in -*e* hanno il plurale in -*i* sia al maschile che al femminile.

		singolare	plurale
maschile		il muse**o** famos**o**	i muse**i** famos**i**
		il muse**o** interessant**e**	i muse**i** interessant**i**
femminile		la chies**a** famos**a**	le chies**e** famos**e**
		la zon**a** interessant**e**	le zon**e** interessant**i**

Gli aggettivi in -*co/-ca*

Come i nomi, gli aggettivi in -*ca* hanno il plurale in -*che*. Gli aggettivi in -*co* hanno il plurale in -*chi*, se hanno l'accento sulla penultima sillaba e in -*ci* se hanno l'accento sulla terz'ultima.

singolare	plurale
chiesa anti**ca**	chiese anti**che**
trattoria tipi**ca**	trattorie tipi**che**
palazzo anti**co**	palazzi anti**chi**
ristorante tipi**co**	ristoranti tipi**ci**

I colori

I colori in -o e in -e si comportano come normali aggettivi.

il cappotto ner**o**	i cappotti ner**i**
la gonna bianc**a**	le gonne bianch**e**
il cappello verd**e**	i cappelli verd**i**

Alcuni colori sono invece invariabili, per esempio *blu, rosa, viola e beige.*

Porto volentieri	un impermeabile una gonna dei jeans le camicie	**blu**.

Lez. 10

Posizione dell'aggettivo

In italiano di solito l'aggettivo segue il nome. È così anche per i colori, per gli aggettivi di nazionalità, per gli aggettivi qualificativi e quando ci sono più aggettivi uno dopo l'altro.

una città **tranquilla**
una giacca **verde**
un ragazzo **francese**
un tavolo **rotondo**
una stanza **piccola** e **rumorosa**

Alcuni aggettivi con forme brevi e molto usate di solito vanno prima del nome:

È una **bella** macchina.

Ma se questi aggettivi hanno un'indicazione più precisa, allora seguono il nome:

È una macchina **molto bella**.

Alcuni aggettivi possono stare prima o dopo il nome. In questo caso hanno due significati diversi:

un **caro** bambino (un bambino buono)
una macchina **cara** (una macchina costosa)

Gradi dell'aggettivo

Il comparativo

Il comparativo di maggioranza si forma con *più* + aggettivo, il comparativo di minoranza con *meno* + aggettivo. Il secondo termine di paragone è introdotto dalla preposizione *di* + articolo se dopo c'è un nome o un pronome.

Questi pantaloni sono **eleganti**.
Questi pantaloni sono **più eleganti di** quelli.
I jeans sono **meno eleganti dei** pantaloni.

Lez. 10

Il superlativo (assoluto)

Il superlativo assoluto esprime il grado massimo di una qualità. Si forma con *molto* (invariabile!) + l'aggettivo o aggiungendo *-issimo/-issima/-issimi/-issime* alla radice dell'aggettivo. In questo caso gli aggettivi in *-e* prendono la desinenza *-o* per il maschile e *-a* per il femminile (*elegante – elegantissimo*).

maschile		femminile	
molto tranquillo	tranquill**issimo**	**molto** tranquilla	tranquill**issima**
molto interessante	interessant**issimo**	**molto** interessante	interessant**issima**

Con gli aggettivi in *-co* e *-go*, si inserisce una -h-, in questo modo la pronuncia rimane la stessa.

Ha pochissimi vestiti.
Il viaggio come è stato? – Lunghissimo.

Il superlativo assoluto si può esprimere anche ripetendo due volte l'aggettivo.

Vorrei un etto di mortadella tagliata **sottile sottile**.

Lez. 7·8

L'avverbio

L'avverbio ha la funzione di definire più precisamente verbi, aggettivi o anche altri avverbi.

Luigi parla sempre **lentamente**.
Questo film è **veramente** interessante.
Lez. 9 Francesca parla **molto bene** il tedesco.

Formazione dell'avverbio

Gli avverbi sono sempre invariabili. Si formano con il femminile dell'aggettivo + *–mente*. Per gli aggettivi in *-e* il suffisso *-mente* si aggiunge direttamente.

aggettivo		avverbio
libero	→ libera	→ libera**mente**
tranquillo	→ tranquilla	→ tranquilla**mente**
elegante		→ elegante**mente**

Gli aggettivi in **-le** e **-re** perdono la *-e* finale davanti a *-mente*.

normale	→ normal**mente**
regolare	→ regolar**mente**

Esistono anche avverbi con forme particolari:
di solito, certo, molto, ancora, adesso, presto, tardi

Avverbi irregolari sono *bene* (aggettivo: *buono*) e *male* (aggettivo: *cattivo*).

Funzione dell'avverbio

L'aggettivo descrive l'oggetto,
l'avverbio definisce meglio il verbo.

Oggi ho avuto una **giornata normale**.
   (aggettivo)
Il **gelato** è **buono**.
   (aggettivo)
Normalmente vado al lavoro in macchina.
   (avverbio)
Lez. 7·9 Qui si **mangia bene**. (avverbio)

Gradi (comparativo/superlativo) dell'avverbio

Come per l'aggettivo, anche per l'avverbio è possibile avere un grado di comparazione.

Lui parla **piano**.
Parla **più piano di** me.
Parla **pianissimo**.

I pronomi personali

I pronomi soggetto

singolare	io
	tu
	lui
	lei
	Lei
plurale	noi
	voi
	loro
	Loro

Di solito i pronomi personali soggetto *io, tu...* non si usano perché il verbo contiene già l'indicazione della persona. I pronomi soggetto si usano solo quando si vuole mettere in risalto la persona o se manca il verbo.

Di dove sei? – Sono di Genova.
Io sono di Genova. E **tu** ?

Lez. 1·2

La forma di cortesia si fa con la terza persona singolare femminile *lei*. Quando si parla a due o più persone si usa la terza persona purale *loro* (ma spesso si usa anche la seconda persona plurale *voi*).

(Lei) è francese?
Anche Loro sono di qui?

I pronomi indiretti (complemento di termine)

In italiano i pronomi indiretti hanno forme atone e toniche.

	forme atone	forme toniche
singolare	mi	a me
	ti	a te
	gli	a lui
	le	a lei
	Le	a Lei
plurale	ci	a noi
	vi	a voi
	gli	a loro

Il pronome tonico si usa

◆ quando si vuole dare particolare importanza al pronome:
A me non ha detto niente, **a lui** (invece) sì.

◆ dopo una preposizione:

Lez. 4·10 Vieni da **me**?

I pronomi indiretti atoni vanno sempre prima del verbo, i pronomi indiretti tonici possono andare prima del verbo o anche prima del soggetto.

Questo vestito **mi** sembra troppo caro.
Questo vestito **a me** sembra troppo caro.
A me questo vestito sembra troppo caro.

La negazione *non* va prima del pronome atono ma segue quello tonico.

Questo colore **non le** piace.
A lei non piace questo colore.

I pronomi diretti (complemento oggetto)

I pronomi diretti sostituiscono l'oggetto.

	forme atone	forme toniche
singolare	mi	me
	ti	te
	lo	lui
	la	lei
	La	Lei
plurale	ci	noi
	vi	voi
	li	loro
	le	loro

Lez. 8

I pronomi *lo, la, li, le* concordano nel genere e nel numero con il nome sostituito:

Quando vedi **Mario**? **Lo** incontro domani.
Quando vedi **Maria**? **La** incontro domani.
Quando vedi **i colleghi**? **Li** incontro domani.
Quando vedi **le colleghe**? **Le** incontro domani.

I pronomi diretti atoni vanno prima del verbo. Davanti a vocale o ad *h* i pronomi singolari *lo* e *la* prendono l'apostrofo ('). Invece i pronomi plurali *li* e *le* non prendono mai l'apostrofo.

L'accompagno/**Lo** accompagno domani.
L'accompagno/**La** accompagno domani.
Li/Le accompagno domani.

Lo può anche sostituire una frase:

– Dov'è Mario? – Non **lo** so. (= non so **dov'è Mario**)

I pronomi diretti tonici seguono il verbo e si usano

◆ per far risaltare qualcosa o qualcuno:
   – Chi vuole?   – Vuole **te**.

◆ in combinazione con una preposizione:
   Questo è un regalo per **lei**.

Dislocazione del complemento oggetto

Quando si vuole dare risalto al nome (complemento oggetto), si usa metterlo all'inizio della frase, seguito dal pronome diretto.

Il parmigiano lo vuole stagionato o fresco?
Le olive le vuole verdi o nere?

Lez. 8

Le particelle pronominali *ne* e *ci*

Ne sostituisce la quantità di una cosa nominata in precedenza.

Vorrei **del pane**.
Quanto **ne** vuole?

                                    ne ho due.
Hai **dei pomodori**?   – Sì, **ne** ho alcuni.
                                    ne ho molti.

Lez. 6·8

Ci sostituisce un luogo nominato in precedenza.

– Vai spesso **a Padova**?
– Sì, **ci** vado spesso. (*ci* = a Padova)

I dimostrativi

I dimostrativi possono essere aggettivi o pronomi.
Gli aggettivi dimostrativi accompagnano i nomi, i pronomi dimostrativi sostituiscono i nomi. Gli aggettivi e i pronomi dimostrativi concordano in genere e numero con la parola cui si riferiscono.

Questa macchina è molto bella. (aggettivo dimostrativo)
Questa invece no. (pronome dimostrativo)

questo

Questo/questa/questi/queste si riferiscono a persone o cose che sono vicino a chi parla.

Questo come *aggettivo dimostrativo*

Questo vestito è stretto.
Questa casa è cara.

Questo come *pronome dimostrativo*

Questo è Giovanni.
Questa è Maria.
Questi sono Giovanni e Marco.
Queste sono Maria e Anna.

Lez. 2
10

quello

Quello si riferisce a persone o cose che sono lontane da chi parla.

Quello come *aggettivo dimostrativo* termina con le forme dell'articolo determinativo.

	maschile		femminile	
	singolare	plurale	singolare	plurale
davanti a consonante	**quel** gelato	**quei** gelati	**quella** camera	**quelle** camere
davanti a vocale	**quell'**amico	**quegli** amici	**quell'**amica	**quelle** amiche
davanti a s + consonante	**quello** straniero	**quegli** stranieri		
davanti a z	**quello** zucchino	**quegli** zucchini		

Quello come pronome dimostrativo cambia solo nella vocale finale.

Questo maglione è troppo caro. Preferisco **quello**.
Questa camicia è troppo cara. Preferisco **quella**.
Questi maglioni sono troppo cari. Preferisco **quelli**.
Queste scarpe sono troppo care. Preferisco **quelle**.

Lez. 10

Gli indefiniti

poco, molto/tanto, troppo

Poco, molto/tanto, troppo possono essere usati come aggettivi, pronomi e avverbi. Come aggettivi e pronomi concordano in genere e numero con il nome cui si riferiscono, come avverbi sono invariabili.

Aggettivi indefiniti

Ho **poco** tempo.
Hanno **tante** cose da fare.

Pronomi indefiniti

Hai comprato delle uova? – Sì, ma **poche**.
Quanti amici hai? – **Molti**.

Avverbi indefiniti

Ho mangiato **troppo**.
Abbiamo studiato **poco**.
Il corso è stato **poco** interessante.
Ho una casa **molto** bella.

Lez. 4·6
8·10

qualche

Qualche è invariabile e il nome che segue è sempre singolare.

Ho avuto **qualche problema**.
Oggi c'è **qualche nuvola**.

Lez. 7

tutto

Tutto è seguito dall'articolo determinativo e dal nome cui si riferisce.

Ho studiato **tutto il** giorno.
Ho studiato **tutta la** mattina.
Ho studiato **tutti i** giorni.
Lez. 7   Ho studiato **tutte le** mattine.

ogni

Ogni è invariabile e il nome che segue è sempre singolare.

Mangio **ogni giorno**.
Lez. 10   Guardo la TV **ogni sera**.

Pronomi, aggettivi e avverbi interrogativi

	Esempio
chi?	Chi sei?
(che) cosa?	(Che) cosa studi?
che? + nome	Che giorno è oggi?
come?	Come sta?
dove?	Dove abiti?
	Dove vai?
di dove?	Di dove sei?
qual? + *essere*	Qual è il tuo indirizzo?
quali? + *essere*	Quali sono i tuoi hobby?
quale? + nome	Quale corso frequenta?
quali? + nome	Quali corsi frequenta?
quanto?	Quanto costa il libro?
quanto? + nome	Quanto tempo hai?
quanta? + nome	Quanta carne hai comprato?
quanti? + nome	Quanti amici hai?
quante? + nome	Quante amiche hai?
quando?	Quando venite?
perché ?	Perché non telefoni?

Lez. 1·2
3·4
5·6

L'aggettivo *quale* ha la forma *quale* al singolare e la forma *quali* al plurale.

Quale autobus devo prendere?
A **quale** fermata devo scendere?
Quali piatti italiani/ricette italiane conosce?

Osservate: davanti al verbo *essere*, *quale* perde la *e* diventando *qual* (senza apostrofo).

Qual è il tuo numero di telefono?
Quali sono i tuoi hobbies?

Lez. 1·6

Il verbo

I verbi regolari si dividono in tre coniugazioni: verbi con l'infinito in *are* (1ª coniugazione), verbi con l'infinito in -*ere* (2ª coniugazione), verbi con l'infinito in -*ire* (3ª coniugazione).

Lez. 2·3
4·7

1. Coniugazione	2. Coniugazione	3. Coniugazione
abit**are**	prend**ere**	dorm**ire**

Il presente

Verbi regolari

	abitare	prendere	dormire	preferire
(io)	abit**o**	prend**o**	dorm**o**	prefer**isco**
(tu)	abit**i**	prend**i**	dorm**i**	prefer**isci**
(lui, lei, Lei)	abit**a**	prend**e**	dorm**e**	prefer**isce**
(noi)	abit**iamo**	prend**iamo**	dorm**iamo**	prefer**iamo**
(voi)	abit**ate**	prend**ete**	dorm**ite**	prefer**ite**
(loro)	abit**ano**	prend**ono**	dorm**ono**	prefer**iscono**

Le desinenze -*o*, -*i*, -*iamo* sono uguali per le tre coniugazioni.
La terza persona singolare si usa anche per la forma di cortesia: Dove abit**a**?
Nella prima e nella seconda persona plurale e nell'infinito l'accento cade sulla penultima sillaba: abit**a**re, abit**ia**mo, abit**a**te.
Negli altri casi l'accento segue la prima persona singolare: abito, abiti, abita, abitano.

Verbi irregolari al presente

In italiano ci sono alcuni verbi che al presente hanno forme irregolari. Ecco una lista dei verbi irregolari di questo manuale:

andare	(Lezione 4)
avere	(Lezione 1)
bere	(Lezione 3)
dire	(Lezione 10)
dovere	(Lezione 6)
essere	(Lezione 1)
fare	(Lezione 2)
potere	(Lezione 5)
sapere	(Lezione 6)
stare	(Lezione 2)
uscire	(Lezione 4)
venire	(Lezione 5)
volere	(Lezione 3)

Per la coniugazione di questi verbi vedi l'Appendice a pag. 195.

G

Verbi in -care/ -gare, -ciare/ -giare, -gere e -scere

	gio**care**	pa**gare**	comin**ciare**	man**giare**	leg**gere**	cono**scere**
(io)	gioco	pago	comincio	mangio	leggo	conosco
(tu)	giochi	paghi	cominci	mangi	leggi	conosci
(lui, lei, Lei)	gioca	paga	comincia	mangia	legge	conosce
(noi)	giochiamo	paghiamo	cominciamo	mangiamo	leggiamo	conosciamo
(voi)	giocate	pagate	cominciate	mangiate	leggete	conoscete
(loro)	giocano	pagano	cominciano	mangiano	leggono	conoscono

Con i verbi in *-care/-gare*, alla seconda persona singolare e alla prima persona plurale si mette una *h* tra *c/g* e *are*; in questo modo la pronuncia rimane la stessa.

Nei verbi in *-ciare/-giare*, la *-i-* radicale e la *-i-* della desinenza si uniscono, così le forme della seconda persona singolare e della prima persona plurale hanno solo una *-i-*.

Nei verbi in *-gere* e *-scere* la pronuncia della *g* e della *sc* cambia quando la vocale che segue è *o* oppure *e/i*:

leggo [-go], leggi [-ʤi], conosco [-sko], conosci[-ʃi].

Il verbo *piacere*

Quando il verbo *piacere* è seguito da un altro verbo, quest'ultimo si lascia all'infinito e il verbo *piacere* si coniuga alla terza persona singolare. Quando *piacere* è seguito da un nome al singolare, il verbo *piacere* si coniuga alla terza persona singolare; quando il nome che segue è al plurale, il verbo *piacere* si coniuga alla terza persona plurale.

Mi **piace** leggere. (infinito)
Ti **piace** questa musica? (singolare)
Mi **piace** la pizza. (singolare)
Le **piacciono** tutti i libri. (plurale)

Lez. 4

c'è, ci sono

Il verbo *esserci* esiste solo nelle forme *c'è* e *ci sono*. *C'è* si usa con i nomi al singolare e *ci sono* con i nomi al plurale.

C'è un parcheggio qui vicino?
Ci sono due/delle camere libere per domani?

Osservate: con la domanda *c'è un/una/uno ...?* si chiedono informazioni sull'esistenza di qualcosa di impreciso; con la domanda *dov'è il/la ...?* si chiedono informazioni sull'esistenza di qualcosa di preciso.

C'è un ristorante qui vicino?
Dov'è il ristorante «Al sole» ?

Lez. 5·6

I verbi riflessivi

I verbi riflessivi si coniugano come verbi normali. Il pronome riflessivo viene sempre prima del verbo.

	riposar**si**
(io)	**mi** riposo
(tu)	**ti** riposi
(lui, lei, Lei)	**si** riposa
(noi)	**ci** riposiamo
(voi)	**vi** riposate
(loro)	**si** riposano

Lez. 9

La negazione *non* viene prima del pronome riflessivo.

Domani **mi** alzo presto.
Domani **non mi** alzo presto.

La costruzione impersonale

Lez. 8

La costruzione impersonale si fa con *si + verbo*. Se il nome che segue è singolare, il verbo si coniuga alla terza persona singolare; se il nome è plurale, il verbo si coniuga alla terza persona plurale.

Qui **si parla** francese.
Qui **si parlano** quattro lingue.

Il passato prossimo

Il *passato prossimo* si forma con il presente di *avere* o *essere* (verbi ausiliari) + il participio passato del verbo.

I verbi regolari in -*are* hanno il participio passato in -*ato*, i verbi in -*ere* hanno il participio passato in -*uto*, i verbi in -*ire* hanno il participio passato in -*ito*.

Lez. 7

infinito	participio passato
mangi**are**	mangi**ato**
av**ere**	av**uto**
part**ire**	part**ito**

Il passato prossimo con avere

	avere	participio passato
(io)	ho	mangiato
(tu)	hai	mangiato
(lui, lei, Lei)	ha	mangiato
(noi)	abbiamo	mangiato
(voi)	avete	mangiato
(loro)	hanno	mangiato

Quando l'ausiliare è *avere*, il *participio passato* è invariabile.

Il passato prossimo con essere

	essere	participio passato
(io)	sono	andato/-a
(tu)	sei	andato/-a
(lui, lei, Lei)	è	andato/-a
(noi)	siamo	andati/-e
(voi)	siete	andati/-e
(loro)	sono	andati/-e

Quando l'ausiliare è *essere*, il *participio passato* concorda in genere e numero con il soggetto.

Davide **è andato** a Stromboli.
Daniela **è andata** a Bolzano.
Davide e Daniela **sono andati** in vacanza.
Daniela e Maria **sono andate** al lavoro.

La negazione *non* va prima del verbo ausiliare. Il participio passato segue sempre il verbo ausiliare.

Davide **non è andato** a Firenze.

Molti verbi, specialmente quelli in *-ere*, hanno un participio passato irregolare.

essere	sono **stato/-a**
rimanere	sono **rimasto/-a**
venire	sono **venuto/-a**
aprire	ho **aperto**
bere	ho **bevuto**
chiudere	ho **chiuso**
dire	ho **detto**
fare	ho **fatto**
leggere	ho **letto**
mettere	ho **messo**
prendere	ho **preso**
scegliere	ho **scelto**
scrivere	ho **scritto**
vedere	ho **visto**

Uso dell'infinito

L'*infinito* senza preposizione si usa con una serie di verbi e di espressioni impersonali.

essere + aggettivo/avverbio	È possibile pagare subito?
potere	Posso uscire?
dovere	Devo venire alle otto?
volere	Vorrei andare al cinema.
preferire	Preferisco venire più tardi.
piacere	Ti piace viaggiare?
desiderare	Desidero stare tranquillo.

Con certi verbi ed espressioni si usa spesso una preposizione prima dell'infinito.

andare a	Quando vai **a** sciare?
cominciare a	Quando cominci **a** lavorare?
provare a	Proviamo **a** studiare il russo?
fare attenzione a	Devi fare attenzione **a** non lavorare troppo.
cercare di	Cerco **di** lavorare seriamente.
finire di	A che ora finisci **di** lavorare?
avere intenzione di	Hai intenzione **di** venire?
pregare di	La prego **di** rispondere.

La negazione

In italiano la negazione si esprime con *no, non* o con la forma *non + avverbi/pronomi*.

Sei di Berna?   – **No**, di Zurigo.
La stanza **non** è libera.
Vuoi un caffè?   – Perché **no**?

Quando c'è un pronome complemento o riflessivo, *non* va prima del pronome.

Non lo so.
Non ti alzi sempre presto?

La doppia negazione

Quando *niente*, *più* e *mai* seguono il verbo,
si deve usare la negazione *non* prima del verbo.

non ... niente	**Non** ho fatto **niente** di particolare.
non ... più	Adesso **non** piove **più**.
non ... mai	**Non** vai **mai** a ballare?

Lez. 7

Le preposizioni

Le *preposizioni* collegano tra loro gli elementi di una frase.
In italiano ci sono le seguenti *preposizioni semplici*: *di, a, da, in, con, su, per, tra* e *fra*.
Le preposizioni *di, a, da, in, su* si uniscono all'articolo determinativo e formano una sola
parola (*preposizioni articolate*).

+	il	lo	l'	la	i	gli	le
di	del	dello	dell'	della	dei	degli	delle
a	al	allo	all'	alla	ai	agli	alle
da	dal	dallo	dall'	dalla	dai	dagli	dalle
in	nel	nello	nell'	nella	nei	negli	nelle
su	sul	sullo	sull'	sulla	sui	sugli	sulle

Lez. 5

G

Quello che segue è un quadro sintetico delle funzioni e dell'uso delle preposizioni.

La preposizione *di*

Provenienza
Sei di qui? – No, sono di Ferrara.

Tempo
di mattina/di sera
di giorno/di notte
di domenica

Materiale/Contenuto
una cravatta di seta
una bottiglia di vino

Quantità
un chilo di zucchero
un litro di latte
un po' di pane

Funzione partitiva
Vorrei del pesce.

Specificazione
il figlio di Franco
gli orari dei negozi

Paragone
Edoardo è più piccolo di Piero.
Il Po è più lungo dell'Adige.

Argomento
corso d'italiano

In combinazione con alcuni verbi/forme verbali
Ho intenzione di andare in Italia in estate.
Finisco di lavorare alle 18.
Che ne dici di quel film?

La preposizione *a*

Stato in luogo e moto a luogo

Sono/Vado a	Firenze. casa. scuola. teatro.
Sono/Vado al	bar. ristorante. cinema.

Distanza
a 50 metri dal mare
a 10 chilometri da Roma

Tempo
alle due / a mezzanotte
A più tardi! / A domani!
Vieni a Natale / a Pasqua?

Modo o maniera
tè al limone
andare a piedi

Complemento di termine
Ho scritto a mia madre.

Distributivo
due volte al giorno
una volta alla settimana

In combinazione con alcuni verbi
Vado spesso a ballare.
Adesso comincio a studiare.

La preposizione *da*

Stato in luogo/Moto a luogo
Com'è il tempo da voi?
Domani vado da una mia amica.

Provenienza
Da dove viene? – Da Roma.
il treno da Milano

Tempo
Lavoro qui da cinque anni.
Da lunedì comincio un nuovo lavoro.
Lavoro da lunedì a sabato.
Lavoro dalle 8 alle 17.

Scopo
scarpe da ginnastica

La preposizione *in*

Stato in luogo/Moto a luogo

Sono/Vado	in	Italia.
		banca.
		un bar.
		vacanza.

Modo o maniera
andare in treno o in macchina

Tempo
in gennaio
in inverno

La preposizione *con*

Compagnia
Esci sempre con gli amici?

Qualità
Per me un cornetto con la marmellata.
Mi piacciono le scarpe con i tacchi alti.

Mezzo
pagare con la carta di credito
andare con la macchina

La preposizione *su*

Luogo
Ho fatto un'escursione sulle Alpi.
Sono salito anche sul cratere.
navigare su Internet

Argomento
Vorrei una guida/un libro sulla Toscana.

La preposizione *per*

Destinazione
Per me un caffè, per cortesia.

Fine
Siamo qui per visitare la città.

Tempo
Per quanto tempo resta qui?
Posso restare qui solo per un'ora.

Moto a luogo con il verbo "partire"
L'altro ieri è partito per la Svezia.

Scopo
Sono qui per (motivi di) lavoro.

Modi di dire
Può venire per piacere/
    per cortesia/per favore?
Per fortuna è arrivata.
Per carità!
Per esempio

La preposizione *fra/tra*

Tempo
Il corso d'italiano finisce fra due mesi.
Vengo fra le due e le due e mezza.

Luogo
La chiesa è fra il museo e il teatro.

Altre preposizioni

dietro	Dietro la stazione c'è una chiesa.
dopo	Torno a casa dopo le dodici.
	Dopo cena resti a casa?
durante	Durante le vacanze non voglio fare niente!
senza	La coca senza ghiaccio, per cortesia.
sopra	Oggi la temperatura è sopra la media.
sotto	Sotto il cappotto indossa un vestito blu.
verso	Vengo verso mezzanotte/verso le nove/verso l'una.

Locuzioni preposizionali

accanto a	La chiesa è accanto alla stazione.
di fronte a	Abitiamo di fronte alla stazione.
davanti a	Davanti alla posta c'è una cabina telefonica.
fino a	Resto fuori fino a tardi/fino alle due.
	Lei va fino alla stazione.
in mezzo a	In mezzo all'incrocio c'è un semaforo.
insieme a	Oggi esco insieme a un mio amico.
prima di	Vengo prima delle otto/prima della lezione.
oltre a	Oltre al pane puoi comprare del latte?
vicino a	Abito vicino all'ospedale.

G

Le congiunzioni

Le congiunzioni uniscono due elementi di una frase o collegano due frasi tra loro.
Queste sono le congiunzioni presenti nel manuale:

e	dunque
o	perché
oppure	quando
anche	mentre
pure	se
ma	se
però	per + Infinito

I numeri e la data

I cardinali

da *0* a *99*

0 zero	20 venti	40 quaranta	60 sessanta	80 ottanta
1 uno	21 **ventuno**	41 **quarantuno**	61 **sessantuno**	81 **ottantuno**
2 due	22 ventidue	42 quarantadue	62 sessantadue	82 ottantadue
3 tre	23 ventitré	43 quarantatré	63 sessantatré	83 ottantatré
4 quattro	24 ventiquattro	44 quarantaquattro	64 sessantaquattro	84 ottantaquattro
5 cinque	25 venticinque	45 quarantacinque	65 sessantacinque	85 ottantacinque
6 sei	26 ventisei	46 quarantasei	66 sessantasei	86 ottantasei
7 sette	27 ventisette	47 quarantasette	67 sessantasette	87 ottantasette
8 otto	28 **ventotto**	48 **quarantotto**	68 **sessantotto**	88 **ottantotto**
9 nove	29 ventinove	49 quarantanove	69 sessantanove	89 ottantanove
10 dieci	30 trenta	50 cinquanta	70 settanta	90 novanta
11 undici	31 **trentuno**	51 **cinquantuno**	71 **settantuno**	91 **novantuno**
12 dodici	32 trentadue	52 cinquantadue	72 settantadue	92 novantadue
13 tredici	33 trentatré	53 cinquantatré	73 settantatré	93 novantatré
14 quattordici	34 trentaquattro	54 cinquantaquattro	74 settantaquattro	94 novantaquattro
15 quindici	35 trentacinque	55 cinquantacinque	75 settantacinque	95 novantacinque
16 sedici	36 trentasei	56 cinquantasei	76 settantasei	96 novantasei
17 diciassette	37 trentasette	57 cinquantasette	77 settantasette	97 novantasette
18 diciotto	38 trentotto	58 cinquantotto	78 settantotto	98 novantotto
19 diciannove	39 trentanove	59 cinquantanove	79 settantanove	99 novantanove

Lez. 1·2
5

Nei numeri che finiscono in –*uno* e –*otto* cade la vocale finale delle decine: es. *trentuno/trentotto*.
I numeri composti con –*tré* hanno l'accento.

da *100*

100 cento	101 centouno	112 centododici
200 duecento	250 duecentocinquanta	290 duecentonovanta
800 ottocento	900 novecento	933 novecentotrentatré
1.000 mille	2.000 duemila	10.000 diecimila
1.000.000 un milione	2.000.000 due milioni	
1.000.000.000 un miliardo	2.000.000.000 due miliardi	

Da notare che il plurale di *mille* è -*mila*: 3.000 = *tremila*
Il plurale di *milione* e *miliardo* è *milioni* e *miliardi*.

Gli ordinali

		Gli ordinali sono aggettivi, perciò concordano
1° primo	6° sesto	in genere e numero con il nome cui si riferiscono.
2° secondo	7° settimo	
3° terzo	8° ottavo	
4° quarto	9° nono	la seconda traversa
5° quinto	10° decimo	il terzo ponte
		la quinta fermata

Lez. 5·6

La data

Per la data si usano i numeri cardinali. Solo per il primo del mese si usa il numero ordinale:

1° marzo 2000 = primo marzo duemila

La data nelle lettere si scrive così:

Milano, 5 ottobre 2001 o Milano, 5/10/2001

Domande utili:
Quanti ne abbiamo?   – È il 21.
Che giorno è oggi?   – Martedì.

Lez. 5

Appendice

Lista dei verbi irregolari:

Infinito	Tempo	Forma
andare	*presente indicativo* *passato prossimo*	vado, vai, va, andiamo, andate, vanno sono andato/-a
aprire	*presente indicativo* *passato prossimo*	apro, apri, apre, apriamo, aprite, aprono ho aperto
avere	*presente indicativo* *passato prossimo*	ho, hai, ha, abbiamo, avete, hanno ho avuto
bere	*presente indicativo* *passato prossimo*	bevo, bevi, beve, beviamo, bevete, bevono ho bevuto
capire	*presente indicativo* *passato prossimo*	capisco, capisci, capisce, capiamo, capite, capiscono ho capito
cercare	*presente indicativo* *passato prossimo*	cerco, cerchi, cerca, cerchiamo, cercate, cercano ho cercato (così anche tutti i verbi in -care)
chiudere	*presente indicativo* *passato prossimo*	chiudo, chiudi, chiude, chiudiamo, chiudete, chiudono ho chiuso
conoscere	*presente indicativo* *passato prossimo*	conosco, conosci, conosce, conosciamo, conoscete, conoscono ho conosciuto (così anche tutti i verbi in -scere)
dire	*presente indicativo* *passato prossimo*	dico, dici, dice, diciamo, dite, dicono ho detto
dovere	*presente indicativo* *passato prossimo*	devo, devi, deve, dobbiamo, dovete, devono ho dovuto
essere	*presente indicativo* *passato prossimo*	sono, sei, è, siamo, siete, sono sono stato/-a
fare	*presente indicativo* *passato prossimo*	faccio, fai, fa, facciamo, fate, fanno ho fatto
finire	*presente indicativo* *passato prossimo*	finisco, finisci, finisce, finiamo, finite, finiscono ho finito
giocare	*presente indicativo* *passato prossimo*	gioco, giochi, gioca, giochiamo, giocate, giocano ho giocato

G

leggere	*presente indicativo*	leggo, leggi, legge, leggiamo, leggete, leggono
	passato prossimo	ho letto (così anche tutti i verbi in *-gere*)
mettere	*presente indicativo*	metto, metti, mette, mettiamo, mettete, mettono
	passato prossimo	ho messo
pagare	*presente indicativo*	pago, paghi, paga, paghiamo, pagate, pagano
	passato prossimo	ho pagato (così anche tutti i verbi in *-gare*)
piacere	*presente indicativo*	(mi) piace – (mi) piacciono
	passato prossimo	(mi) è piaciuto/-a; (mi) sono piaciuti/-e
potere	*presente indicativo*	posso, puoi, può, possiamo, potete, possono
	passato prossimo	ho potuto
prendere	*presente indicativo*	prendo, prendi, prende, prendiamo, prendete, prendono
	passato prossimo	ho preso
rimanere	*presente indicativo*	rimango, rimani, rimane, rimaniamo, rimanete, rimangono
	passato prossimo	sono rimasto/-a
sapere	*presente indicativo*	so, sai, sa, sappiamo, sapete, sanno
	passato prossimo	ho saputo
scegliere	*presente indicativo*	scelgo, scegli, sceglie, scegliamo, scegliete, scelgono
	passato prossimo	ho scelto
scrivere	*presente indicativo*	scrivo, scrivi, scrive, scriviamo, scrivete, scrivono
	passato prossimo	ho scritto
stare	*presente indicativo*	sto, stai, sta, stiamo, state, stanno
	passato prossimo	sono stato/-a
uscire	*presente indicativo*	esco, esci, esce, usciamo, uscite, escono
	passato prossimo	sono uscito/-a
vedere	*presente indicativo*	vedo, vedi, vede, vediamo, vedete, vedono
	passato prossimo	ho visto
venire	*presente indicativo*	vengo, vieni, viene, veniamo, venite, vengono
	passato prossimo	sono venuto/-a
volere	*presente indicativo*	voglio, vuoi, vuole, vogliamo, volete, vogliono
	passato prossimo	ho voluto

G

GLOSSARIO

L'asterisco (*) indica che il verbo ha una forma irrego-
lare al presente o al passato prossimo. I verbi che si
coniugano come finire (finisco) sono indicati (-isc).
Il punto sotto le parole indica dove cade l'accento.

LEZIONE 1

Primi contatti _____

1

Ciao! _____
o _____
Buongiorno! _____
Buona sera! _____
la signora _____
il dottore _____
il professore _____

2

scusi _____
Lei come si chiama? _____
Lei _____
come? _____
sono _____
e _____
tu _____
Come ti chiami? _____
io _____
Piacere! _____
anch'io _____
anche _____
mi chiamo _____
sì _____
sono io _____
Lei è il signor ... _____
è _____
il signore _____
essere* _____
chiamarsi _____

4

fare* conoscenza _____

5

come _____
il caffè _____
gli spaghetti (*pl.*) _____
il parmigiano _____
arrivederci _____
lo zucchero _____
la chitarra _____
il gelato _____
la Germania _____
il radicchio _____
gli zucchini (*pl.*) _____
i funghi (*pl.*) _____
il formaggio _____
il cuoco _____
il prosecco _____
il lago _____
il ragù _____
il cuore _____

6

Proviamo a leggere! _____
provare _____
leggere* _____
la cioccolata _____
la macchina _____
il giornale _____
la bicicletta _____
il vigile _____
la valigia _____
la chiesa _____
l'orologio _____
l'arancia _____
la chiave _____

7

Di dov'è? _____
di _____
dove? _____
italiana _____
inglese _____
no _____
irlandese _____
sono di _____
tedesco _____
austriaco _____
Di dove sei? _____

8

ricostruite i dialoghi _____
il dialogo _____
l'Italia _____
(l')italiano _____
l'Austria _____
la Svizzera _____
(lo) svizzero _____
la Spagna _____
(lo) spagnolo _____
l'Inghilterra _____
l'Irlanda _____
il Portogallo _____
(il) portoghese _____
la Francia _____
(il) francese _____

11

chi? _____

12

alla fine della lezione _____
la fine _____
la lezione _____
Ciao! _____
ArrivederLa! _____
Alla prossima volta! _____
A presto! _____
A domani! _____
domani _____
Buonanotte! _____

E inoltre _____

1

il numero _____

2

che? _____

3

Qual è il Suo numero _____
di telefono? _____
il telefono _____
l'indirizzo _____
la via _____
però _____
ho _____
il cellulare _____
Come, scusi? _____
il tuo numero _____
Come, scusa? _____
avere* _____

4

la rubrica telefonica _____
il corso d'italiano _____
il nome _____
il cognome _____
la piazza _____
il viale _____
il corso _____
il largo _____
il vicolo _____

LEZIONE 2

Io e gli altri _____

1

Come va? _____
Come sta? _____
Bene, grazie. E Lei? _____
bene _____
grazie _____
Come stai? _____
Oggi sto proprio male. _____

proprio (*avv.*) _____
male _____
mi dispiace _____
benissimo _____
non c'è male _____

2

Le presento ... _____
presentare _____
molto lieto _____

3

questa è _____
senti _____
una mia amica _____
l'amica _____
questo è _____
un mio amico _____
l'amico _____
sai _____
parla _____
molto bene _____
l'italiano _____
Ah, sì? _____
invece _____
purtroppo _____
non parlo _____
lo spagnolo _____
stare _____
parlare _____

6

Che lingue parla? _____
che? _____
la lingua _____
il greco _____
l'olandese _____
l'inglese _____
il russo _____
il francese _____
lo svedese _____

7

presentazioni (*pl.*) _____
la festa _____
la libreria _____

8

Che lavoro fa? _____
il lavoro _____
Dott. (*m.*, *abbr.* dottore) _____
l'ingegnere edile (*m.+f.*) _____
il medico chirurgo _____
il primario radiologo _____
l'ospedale (*m.*) _____
Dott.ssa (*f.*, *abbr.*
  dottoressa) _____
l'architetto per interni _____
il salone (di estetista) _____
l'estetista _____

9

Faccio la segretaria. _____
fare* _____
la segretaria _____
Siete di qui? _____
qui _____
ma _____
abitare _____
a Bologna _____
Che cosa fare di bello? _____
bello _____
studiare _____
lavorare _____
in una scuola di lingue _____
la scuola _____
l'insegnante (*m.+f.*) _____
Che lavoro fai? _____
l'impiegata _____
l'agenzia pubblicitaria _____
lo studio fotografico _____
l'ufficio _____

10

Che parole mancano? _____
la parola _____
mancare _____

11

il posto di lavoro _____
il negozio _____
l'ufficio postale _____
il ristorante _____
l'officina _____
la banca _____

GL

la fabbrica _____

la farmacia _____

lo studente _____

il pensionato _____

tanto (*avv.*) _____

la casalinga _____

12

Chi sono? _____

l'operaio/-a _____

il commesso _____

la commessa _____

l'infermiere _____

l'infermiera _____

il/la farmacista _____

13

per conoscerci meglio _____

14

cerco _____

cercare _____

la camera _____

in famiglia _____

la famiglia _____

in cambio di _____

la conversazione _____

in tedesco _____

ed _____

brasiliana _____

come traduttrice _____

l'architettura _____

piccolo _____

con _____

il figlio _____

di ... anni _____

la baby-sitter _____

ore pasti _____

15

lo/la straniero/-a _____

in Italia _____

il/la collega _____

di _____

argentina _____

ad Urbino _____

visitare _____

la città _____

per motivi di lavoro _____

il motivo _____

perché _____

amare _____

adesso _____

lavorare in proprio _____

E inoltre

1

da ... a _____

2

leggete e completate _____

4

Quanti anni ha? _____

5

Quanti anni hanno? _____

6

indovinate _____

indovinare _____

di più _____

di meno _____

LEZIONE 3

Buon appetito! _____

1

Che bevande sono? _____

la bevanda _____

l'aranciata _____

l'aperitivo _____

il bicchiere di latte _____

il bicchiere _____

il latte _____

l'acqua minerale _____

l'acqua _____

lo spumante _____

la spremuta di pompelmo _____

la spremuta _____

il pompelmo _____

il cappuccino _____

GL

la birra _____

2

conoscere (-isc) _____
il nome _____
altro (agg.) _____

3

in un bar _____
il bar _____
i signori _____
desiderare _____
prendere* _____
il cornetto _____
il caffè macchiato _____
vorrei _____
poi _____
il tè _____
il limone _____
la crema _____
la marmellata _____
per me _____
solo _____
bene _____
allora _____
prendere da mangiare _____
mangiare _____
prendere da bere _____
bere* _____
il toast _____
il caffè _____

5

il tramezzino _____
il panino imbottito _____
la pizza _____
la pasta _____

6

Quali piatti conoscete? _____
il piatto _____
il menù _____
a prezzo fisso _____
il prezzo _____
l'antipasto _____
gli affettati misti _____

i pomodori ripieni _____
il pomodoro _____
la bruschetta _____
l'insalata di mare _____
il primo piatto _____
i tortellini (pl.) _____
in brodo _____
le tagliatelle (pl.) _____
i porcini (pl.) _____
le lasagne (pl.) _____
al forno _____
il risotto ai funghi _____
il minestrone _____
ai frutti di mare _____
al pomodoro _____
il secondo piatto _____
la carne _____
la cotoletta alla milanese _____
la braciola di maiale _____
il maiale _____
ai ferri _____
il pollo _____
allo spiedo _____
l'arrosto _____
il vitello _____
il pesce _____
la trota alla mugnaia _____
la sogliola _____
il contorno _____
l'insalata mista _____
le patatine fritte _____
il purè di patate _____
la patata _____
gli spinaci (pl.) _____
al burro _____
il burro _____
i peperoni (pl.) _____
alla griglia _____
il dessert _____
la frutta _____
fresco _____
la macedonia _____
la fragola _____
la panna cotta _____
il tiramisù _____

GL

7

la trattoria _____
il litro _____
rosso _____
gasato _____
la coca _____
vuole _____
volere* _____
solo un primo _____
la minestra di fagioli _____
la minestra _____
il fagiolo _____
va bene così _____
così _____
il ragazzo _____
la pasta _____
preferire (-isc) _____
qualcos'altro _____
un quarto di _____
il vino _____
mezzo _____
per piacere _____
naturale _____
senza _____
il ghiaccio _____

8

il vino bianco _____
il riso _____
lo strudel _____

9

il ristorante _____
il piatto _____
il coltello _____
la forchetta _____
il cucchiaio _____
il cucchiaino _____
il tovagliolo _____
il pane _____
il sale _____
il pepe _____
l'olio _____
l'aceto _____
la bottiglia _____

10

sul tavolo _____
il tavolo _____

11

il conto _____
per favore _____
ascoltate e completate _____
ascoltare _____
completare _____
per cortesia _____
Dica! _____
mi porta _____
portare _____
ancora _____
certo _____
molto buono _____
un momento _____
magari _____
il caffè corretto _____
sì, grazie _____
d'accordo _____

12

qualcosa _____
un po' di _____

13

il locale _____
la cucina _____
esotico _____
fumare _____
tipico _____
regionale _____
circa _____
la persona _____
cinese _____
grande _____
la scelta _____
di fantasia _____
la sala banchetti _____
fino a _____
la veranda _____
all'aperto _____
pugliese _____
la domenica _____
trentino _____
fatto in casa _____

GL

gradito _____

la prenotazione _____

chiuso _____

il martedì _____

la pizzeria _____

a richiesta _____

a mezzogiorno _____

il menù del giorno _____

il giorno di chiusura _____

il giorno _____

la sala non fumatori _____

il fumatore _____

climatizzato _____

il sabato _____

quale? _____

14

l'invito _____

a cena _____

la cena _____

la carota _____

la frittata _____

la zucchina _____

le melanzane alla parmigiana _____

la mozzarella _____

le pere cotte _____

la pera _____

il petto di pollo _____

il tempo _____

molto tempo _____

per _____

cucinare _____

essere d'accordo _____

15

stasera _____

il secondo _____

E inoltre

1

possibile _____

prenotare _____

per le otto _____

quanto? _____

forse _____

A che nome? _____

va bene _____

grazie mille _____

prego _____

Si figuri! _____

a più tardi _____

2

l'alfabeto _____

ripetete _____

la lettera _____

straniero _____

3

il personaggio _____

misterioso _____

4

riservato _____

telefonare _____

LEZIONE 4

Tempo libero _____

1

accanto a _____

il disegno _____

corrispondente _____

l'attività _____

il giardino _____

dormire _____

leggere* _____

ballare _____

fare* sport _____

2

di solito _____
vado in palestra _____
andare* _____
la palestra _____
stare _____
quasi _____
sempre _____
a casa _____
la casa _____
guardare la TV _____
la TV (_abbr._ televisione) _____
a lungo _____

3

andare al cinema _____
il cinema _____
navigare su Internet _____
giocare a tennis _____
giocare _____
fare una passeggiata _____
la passeggiata _____
fare la spesa _____
ascoltare musica _____
la musica _____
andare in bicicletta _____
giocare a carte _____

4

una persona che _____
che _____
lo yoga _____

5

il fine settimana _____
la settimana _____
il sabato sera _____
la sera _____
esco _____
uscire* _____
spesso _____
la discoteca _____
non ... mai _____
insieme _____
qualche volta _____
il lunedì _____
il mercoledì _____
il giovedì _____
il venerdì _____

6

mai _____
scrivete con che frequenza _____
scrivere* _____
fare ginnastica _____
la ginnastica _____
fuori _____
andare a teatro _____
il teatro _____
andare a sciare _____
sciare _____
confrontate le vostre frasi _____
la frase _____
con quelle di un _____
  compagno _____
il compagno _____
ci sono _____
stesso _____
segnatele _____
poi _____
riferite _____
noi due _____

7

corrispondere _____
il testo _____
rispondete alle domande _____
la domanda _____
l'età _____
la professione _____
la descrizione personale _____
insegnare _____
la matematica _____
da sei mesi _____
da _____
il mese _____
andare in piscina _____
la piscina _____
giocare a calcio _____
il calcio _____
oppure _____
suonare _____
il basso _____
il pianoforte _____
molto _____
la studentessa _____
ungherese _____
l'economia _____

mi piace \
viaggiare \
per lavoro \
altre \
imparare \
il libro \
mi piacciono \
moltissimo \
la canzone \
di \
vi prego \
pregare \
lo strumento \
volentieri \
da poco tempo

8

la conoscenza \
via Internet \
l'e-mail (f.)

9

fra \
allora \
cosa? \
tantissimo \
soprattutto \
il ballo \
sudamericano \
l'opera \
Oddio! \
perché? \
odiare \
Veramente? \
il gusto \
formare

10

Le piace ...? \
intervistare \
scoprire* \
i suoi \
affatto \
per niente \
la musica classica \
il rap \
il film giallo \
il film

il libro di fantascienza \
il fumetto \
a letto \
il letto \
l'arte moderna \
moderno

11

a me \
a te \
a Lei \
anche a me \
a me invece no \
neanche a me \
neanche \
a me invece sì

13

i giovani \
l'intervista \
durante \
poco (avv.) \
la gente \
il/la barista \
da sola

E inoltre

1

Che ora è? \
Che ore sono? \
Sono le due. \
Sono le due e un quarto. \
Sono le due e mezza. \
Sono le tre meno venti. \
È mezzogiorno. \
È mezzanotte.

2

adesso \
l'ora \
Sa ...?

GL

LEZIONE 5

In albergo _____
l'albergo _____

1

abbinare _____
il simbolo _____
la camera _____
la camera singola _____
il bagno _____
il parcheggio _____
cani ammessi _____
il cane _____
la camera matrimoniale _____
il frigobar _____
la doccia _____

2

ideale _____
la posizione _____
ottimale _____
a piedi _____
fare compere _____
il centro _____
la camera doppia _____
la (camera) tripla _____
tutte _____
l'aria condizionata _____
il bambino _____
sotto _____
gratis _____
la villa _____
tra _____
il palazzo _____
toscano _____
internazionale _____
privato _____
l'istituto _____
la suora _____
elegante _____
quartiere residenziale _____
il quartiere _____
alcune _____
la colazione _____
compreso _____
a persona _____
orario di rientro _____

l'orario _____
la sala TV _____
la sala riunioni _____
la cappella _____
aperto _____
tutto l'anno _____
tutto _____
l'anno _____
qual è? _____
la vacanza _____
economico _____
chi _____
passare _____
l'hotel (_m._) _____
perché? _____
caro _____
tranquillo _____
portare _____
l'animale _____
la risposta _____

3

la telefonata _____
il questionario _____
per _____
la notte _____
il garage _____
venire* _____
la conferma _____
il fax _____
la carta di credito _____
riascoltare _____
senta, avete _____
prossimo _____
un attimo _____
prego _____
dunque _____
beh _____
c'è _____
esserci* _____
lo stesso _____
a partire da _____
perfetto _____
Quanto viene? _____
Quanto? _____
un'ultima informazione _____
l'informazione (_f._) _____
mi dispiace _____

ci sono _____

vicino _____

La ringrazio _____

ringraziare _____

allora _____

ancora una cosa _____

potere* _____

mandare _____

subito _____

se vuole _____

se _____

5

in coppia _____

la coppia _____

in base _____

alle seguenti indicazioni _____

la coperta _____

il cuscino _____

il portacenere _____

l'armadio _____

la sedia _____

la lampada _____

il termosifone _____

l'asciugacapelli (m.) _____

la carta igienica _____

la saponetta _____

l'asciugamano _____

7

avrei _____

il problema _____

chiamare _____

da _____

c'è il riscaldamento che
non funziona _____

il riscaldamento _____

funzionare _____

altro _____

il portiere _____

la reception _____

venire* _____

qualcuno _____

controllare _____

Si immagini! _____

8

il televisore _____

chiudere* _____

la finestra _____

potere* _____

l'acqua calda _____

caldo _____

9

il cliente _____

scontento _____

10

la camera da letto _____

l'ingresso _____

il soggiorno _____

piccoli annunci _____

l'annuncio _____

l'appartamento _____

offrire* _____

il bilocale _____

centrale _____

il piano _____

l'ascensore (m.) _____

il riscaldamento
autonomo _____

vicino a _____

fermata bus _____

la fermata _____

il lungomare _____

il posto auto _____

febbraio _____

affittare _____

situato _____

la zona _____

ben arredato _____

con ogni comfort _____

ogni (inv.) _____

il posto letto _____

interessante _____

la lavatrice _____

mensile _____

marzo _____

aprile _____

a 50 metri dal mare _____

il mare _____

indipendente _____

maggio _____

GL

ottobre   _____

giugno   _____

settembre   _____

il villino   _____

con vista su   _____

il balcone   _____

i doppi servizi   _____

il locale   _____

la strada   _____

sottolineare   _____

la lista   _____

gennaio   _____

luglio   _____

agosto   _____

novembre   _____

dicembre   _____

il numero ordinale   _____

l'ordine (*m.*)   _____

giusto   _____

11

in vacanza   _____

prendere* in affitto   _____

quale?   _____

questi (*pl.*)   _____

la montagna   _____

12

quanti?   _____

andare in vacanza   _____

libero   _____

essere interessati a ...   _____

13

la lettera   _____

da   _____

caro/-a   _____

carino   _____

comodo   _____

bello   _____

il padrone di casa   _____

tornare   _____

tanti cari saluti   _____

il saluto   _____

E inoltre

1

da ... in poi   _____

3

la data   _____

si scrive   _____

in italiano   _____

confermare   _____

telefonico   _____

distinti saluti   _____

Che giorno è oggi?   _____

Quanti ne abbiamo?   _____

LEZIONE 6

In giro per l'Italia

in giro per   _____

1

il Bel Paese   _____

il Paese   _____

la foto   _____

A quali città pensate?   _____

pensare   _____

conoscere   _____

tanto (*avv.*)   _____

vedere*   _____

2

andare*   _____

Vero?   _____

ci   _____

lì   _____

com'è?   _____

tante cose da vedere*   _____

il mercato   _____

l'università   _____

famoso   _____

il museo   _____

la mostra   _____

sapere*   _____

a Pasqua   _____

la Pasqua   _____

proprio (*avv.*)   _____

Guardi!   _____

GL

la zona pedonale _____

4

unire (-*isc*) _____
la zona industriale _____
l'edificio _____
antico _____
il paese _____

5

il castello _____
la torre _____
importante _____

6

la mia _____
che cosa c'è da (+ *inf.*)? _____
tanti/-e (*agg.*) _____

7

frequentare _____
il restauro _____
un po' _____
rumoroso _____
vivace _____
per esempio _____
la basilica _____
qualcosa da ... (+ *inf.*) _____
quando _____
andare a vedere _____
guardare _____
la vetrina _____
il posto _____
i dintorni (*pl.*) _____
insomma _____
vero e proprio _____
il soggiorno _____
culturale _____

8

la cartolina _____
descrivere* _____

9

l'autobus (*m.*) _____
mi scusi _____
dunque _____
se _____

il terminal delle
autocorriere _____
l'autocorriera _____
fermare _____
davanti a _____
la stazione _____
a due passi _____
a quale fermata? _____
dovere* _____
scendere* _____
credere _____
è meglio se _____
chiedere* _____
una volta _____
la preposizione _____
il/la turista _____

10

sostituire (-*isc*) _____
il duomo _____
archeologico _____
il teatro comunale _____
la posta centrale _____
la biblioteca _____
girare _____
a destra _____
a sinistra _____
dritto _____
attraversare _____
il semaforo _____
la traversa _____
l'incrocio _____

11

coprire* _____
la cartina _____
arrivare _____
cenare _____
a quest'ora _____
già _____
capire (-*isc*) _____
che _____
chiudere* _____
verso _____
in via ... _____
uscire* _____
continuare _____

GL

avanti _____

no, anzi _____

accanto a _____

inserire _____

l'espressione (f.) _____

Peccato! _____

veramente _____

prima _____

cambiare _____

12

fino a _____

subito dopo _____

la Cassa di Risparmio _____

di qui _____

13

di fronte a _____

il supermercato _____

il distributore _____

all'angolo _____

l'angolo _____

fra _____

dietro _____

14

la pagina _____

l'ufficio del turismo _____

15

domandare a qu. _____

il/la passante _____

la crocetta _____

esatto _____

lontano (da) _____

il ponte _____

il parco _____

collegare _____

Non c'è di che! _____

Non lo so. _____

Non sono di qui. _____

E inoltre

1

a che ora ...? _____

partire _____

il prossimo autobus per ... _____

per _____

quando? _____

il treno _____

cominciare _____

l'ultimo spettacolo _____

ultimo _____

lo spettacolo _____

chiudere* _____

2

da voi _____

il gruppo _____

l'orario _____

con quelli _____

la vostra _____

la differenza _____

LEZIONE 7

Andiamo in vacanza! _____

1

l'idea _____

partire _____

il viaggio _____

il pernottamento _____

la visita guidata _____

la visita _____

la partenza _____

tutti i martedì _____

la meditazione _____

il convento _____

la pensione completa _____

a scelta _____

la bici (*abbr.* bicicletta) _____

la sosta _____

la tappa _____

giornaliero _____

la serata gastronomica _____

il volo _____

l'alloggio _____

l'animazione (f.) _____

il servizio _____

il centro benessere _____

il benessere _____

il reparto _____

la cura _____

l'idroterapia termale _____

la fangoterapia _____

il massaggio _____

la sauna _____

la dieta _____

la mezza pensione _____

a gestione familiare _____

l'escursione (f.) _____

le Dolomiti _____

la guida alpina _____

la guida _____

il minigolf _____

il campo giochi _____

proprio _____

il corpo _____

andare in montagna _____

tradizionale _____

stressato _____

il silenzio _____

la natura _____

dinamico _____

sportivo _____

alcuni _____

assoluto _____

2

l'offerta _____

3

la giornata _____

intenso _____

pranzare _____

il pomeriggio _____

dopo cena _____

salutare _____

andare a letto _____

tuo/tua _____

ieri _____

salire* _____

il cratere _____

lo spettacolo _____

indimenticabile _____

stamattina _____

la spiaggia _____

fare un giro in barca _____

la barca _____

splendido _____

stasera _____

tornare _____

il bacio _____

5

breve _____

diverso _____

ognuno _____

raccontare _____

quello che _____

il campeggio _____

montare la tenda _____

la tenda _____

fare surf _____

fare un giro in bicicletta _____

fare la doccia _____

preparare _____

il vaporetto _____

fare fotografie _____

un poco (avv.) _____

incontrare _____

insieme a _____

6

il viaggio in bicicletta _____

affittare _____

fare un corso _____

restare _____

7

fuori città _____

il giorno dopo _____

usare _____

8

Chiaro! _____

Che domanda! _____

partire _____

presto _____

come al solito _____

fare il bagno _____

prendere* il sole _____

il sole _____

più tardi _____

tardi _____

fare un giro in gommone _____

il gommone _____

molto bello _____

niente di particolare _____

particolare (*agg.*) _____

rimanere* _____

la mattina _____

fare colazione _____

mettere* in ordine _____

un po' (*avv.*) _____

dopo _____

per fortuna _____

Ah, ecco! _____

brevissimo _____

9

lo schema _____

10

scorso _____

12

quando è stata _____
   l'ultima volta che … _____

la volta _____

più _____

parlare al telefono _____

due settimane fa _____

prima di (*prep.*) _____

l'altro ieri _____

13

l'itinerario _____

seguire _____

le sue _____

l'ospite (*m.* + *f.*) _____

la pensione _____

il Brunello _____

il Palio _____

medioevale _____

il passato _____

etrusco _____

E inoltre

1

previsioni del tempo _____

il tempo _____

riferirsi (-*isc*) a qc. _____

la nube _____

al Nord _____

il Nord _____

qualche (*inv.*) _____

il temporale _____

le Alpi _____

sul resto d'Italia _____

la temperatura _____

sopra la media _____

caldo _____

ovunque _____

il vento _____

debole _____

al largo _____

la brezza _____

la costa _____

il Centrosud _____

calmo _____

l'Est _____

l'Ovest _____

il Sud _____

2

Che tempo fa? _____

Pronto? _____

appena _____

il bosco _____

di nuovo _____

andare a funghi _____

a dire* il vero _____

anzi _____

abbastanza _____

brutto _____

qua _____

fare freddo _____

freddo _____

con questo tempo _____

la nuvola _____

non piove più _____

piovere _____

da te _____

scommettere* _____

GL

c'è il sole _____
fare caldo _____
addirittura _____
al Sud _____

3

Che freddo! _____
Che vento! _____
Che pioggia! _____
la pioggia _____
Che caldo! _____

LEZIONE 8

Sapori d'Italia _____
il sapore _____

1

gli alimentari (*pl.*) _____
il panino _____
il biscotto _____
il burro _____
l'uovo (*pl.* le uova) _____
la ciliegia _____
la carne macinata _____
l'uva _____
la bistecca _____
il salame _____
il miele _____
l'aglio _____
la pesca _____
il prosciutto _____
la cipolla _____
il prodotto _____
l'abitudine (*f.*) _____
il negozio di alimentari _____
il negozio specializzato _____
il prodotto biologico _____
discutere* _____

2

abbinare _____
il panificio _____
la macelleria _____
l'etto _____
il grammo _____
il pacco _____
il chilo _____

4

la mortadella _____
affettato _____
sottile sottile _____
guardi un po' _____
ecco fatto _____
il pezzo _____
troppo _____
stagionato _____
piuttosto _____
fresco _____
appunto _____
ne _____
mezzo chilo _____
il litro _____
il latte fresco _____
il vasetto _____
la maionese _____
l'oliva _____
lo yogurt magro _____
la confezione _____
verde _____
nero _____
grosso _____
altro? _____
nient'altro _____
ecco _____
Si accomodi alla cassa! _____
accomodarsi _____
la cassa _____

6

il modello _____
il prosciutto cotto _____
il prosciutto crudo _____
a lunga conservazione _____
lo yogurt intero _____

8

il negoziante _____

9

la spesa _____

10

l'aceto balsamico _____

11

l'abitante (_m._+_f._) _____
in provincia di _____
la collina _____
il vigneto _____
la cantina _____
ospitare _____
animato _____
l'attrattiva _____
insomma _____
da queste parti _____
fra l'altro _____
si _____
approfittare _____
la figlia _____
la nuora _____
vendere _____
quotidianamente _____
avere inizio _____
finire (-_isc_) _____
dodici e più ore dopo _____
dopo _____
il prodotto più richiesto _____
i tortelli (_pl._) _____
di magro _____
la ricotta _____
reggiano (_agg._) _____
acquistare _____
la torta salata _____
salato _____
la torta _____
dolce (_agg._) _____
la crostata _____
la pizza al taglio _____
la domenica mattina _____
il marito _____

dare una mano _____
che cosa c'è di (+ _agg._)? _____
che tipo di (+ _sost._)? _____
aiutare _____

12

il mio _____
preferito _____
speciale _____

13

il pasto _____
a colazione _____
vero _____
i salumi (_pl._) _____
il vostro _____

14

mettere* _____
la successione _____
la ricetta _____
tagliare _____
a pezzettini _____
lo spicchio d'aglio _____
la costa di sedano _____
il sedano _____
far(e) rosolare _____
rosolare _____
la verdura _____
ben _____
aggiungere* _____
mescolare _____
cuocere* _____
salare _____
pepare _____
versare _____
evaporare _____
la scatola _____
i pomodori pelati _____
a fuoco basso _____
il fuoco _____
l'ora _____

E inoltre

1

la stagione _____
associare a _____
il cocomero _____
il carciofo _____
la castagna _____
l'asparago _____
la primavera _____
l'estate (*f.*) _____
l'autunno _____
l'inverno _____

2

il mandarino _____

LEZIONE 9

Vita quotidiana _____
la vita _____
quotidiano _____

1

il panettiere _____
finire (*-isc*) _____
di notte _____
da ... a ... _____
a volte _____
cominciare _____
il mattino _____
prima delle ... _____
fino alle ... _____
di mattina _____
di pomeriggio _____

2

l'orario di lavoro _____

3

alzarsi _____
duro _____
il lato _____
positivo _____
stanco _____
naturalmente _____
dopo pranzo _____

il pranzo _____
riposarsi _____
la moglie _____
i figli (*pl.*) _____
il negozio di dischi _____
quindi _____
regolare _____
la pausa _____
raramente _____
aver(e) fame _____
la fame _____
semplicemente _____
fare due passi _____

5

informarsi _____
la giornata lavorativa _____
nuovo _____
simile _____

6

normale _____
lavarsi _____
vestirsi _____
andare* al lavoro _____
fra ... e ... _____
svegliarsi _____

7

il/la tassista _____
la mamma _____
la pensionata _____
il pizzaiolo _____

8

la ragazza _____
mettere* _____
la tuta _____
cercare di _____
oltre a _____

9

il titolo _____
l'uscita (di casa) _____
il divertimento _____
scegliere* _____
compiono il solito tragitto _____

GL

solito _____

il tragitto _____

normalmente _____

sei sere su sette _____

le pantofole (*pl.*) _____

il TG (*abbr.* telegiornale) _____

il film _____

a tavola _____

la tavola _____

le stesse cose _____

alla settimana _____

la sorpresa _____

la routine _____

fare felici _____

felice _____

schiavi delle abitudini _____

il ritmo _____

il campione _____

la creatività _____

sembrare _____

la statistica _____

su _____

il campione _____

disegnare _____

per cento _____

per carità! _____

il posto fisso _____

la pensione _____

uguale _____

ovvio _____

cambiare _____

quel che _____

aspettarsi _____

il bisogno _____

la sicurezza _____

la paura _____

il rischio _____

la comodità _____

il rifiuto _____

l'assenza _____

la voglia _____

la forza _____

il telefonino _____

lo psicologo _____

annoiarsi _____

fare bene _____

cambiare casa _____

le amicizie (*pl.*) _____

contenuto _____

riportato _____

rileggere* _____

l'articolo _____

la parte _____

il verbo _____

la forma impersonale _____

il verbo riflessivo _____

10

il mezzo pubblico _____

il tram _____

la metropolitana _____

dipende _____

nello stesso modo _____

in un modo _____

Quante volte? _____

E inoltre

1

Auguri! _____

contare _____

divertirsi _____

Buon compleanno! _____

la laurea _____

il matrimonio _____

dimenticare _____

in due _____

affettuoso _____

Felicitazioni vivissime! _____

Complimenti! _____

bravo _____

In bocca al lupo! _____

la carriera _____

splendido _____

2

la ricorrenza _____

il Natale _____

il Ferragosto _____

il lavoratore _____

il Capodanno _____

San Silvestro _____

la festa della donna _____

la donna _____

San Giuseppe _____

la festa del papà _____

il papà _____
San Valentino _____
l'innamorato _____
la Repubblica _____
festeggiare _____

3

l'occasione (f.) _____
il compleanno _____
accompagnare _____
finalmente _____
trovare _____
Buon viaggio! _____
Alla salute! _____
Cin cin! _____
Congratulazioni! _____
Buon anno! _____
Buon Natale! _____
Buone vacanze! _____
Buona Pasqua! _____

LEZIONE 10

Fare acquisti _____
grigio _____
rosa _____
giallo _____
arancione _____
marrone _____
blu _____
azzurro _____
celeste _____
viola _____
beige _____
a righe _____
a quadri _____
di _____
la lana _____
il cotone _____
la seta _____
la pelle _____

1

descritto _____
avere* _____
il vestito _____
la camicia _____
la cravatta _____
l'impermeabile (m.) _____
vestire _____
portare _____
aderente _____
lo stivale _____
la giacca a vento _____
la maglia _____
i pantaloni (pl.) _____
la giacca _____
indossare _____
il vestito _____
il cappotto _____
la borsetta _____
la scarpa _____
pure _____
con i tacchi alti _____
il tacco _____
il pullover _____
il giubbotto _____
l'abbigliamento _____
classico _____
la gonna _____
la camicetta _____
basso _____

2

al massimo _____
vincere* _____
per primo _____
il maglione _____
un paio di pantaloni _____
la borsa _____

3

il pullover da uomo _____
l'uomo _____
la taglia _____
il modello _____
il regalo _____
giovanile _____
i colori di moda _____
il colore _____

GL

la stagione _____

il capo _____

andare bene con _____

Quanto costa? _____

costare _____

ottima qualità _____

eventualmente _____

cambiare _____

star bene _____

conservare _____

lo scontrino _____

4

adatto _____

6

il guanto _____

il sandalo _____

la cintura _____

corto _____

la scarpa da ginnastica _____

la pelliccia _____

pesante _____

largo _____

stretto _____

il cappello _____

la sciarpa _____

7

il negozio di calzature _____

perché non provi ...? _____

provare _____

questo/-a _____

più sportivo _____

quei mocassini _____

quello/-a _____

il mocassino _____

troppo (avv.) _____

spendere* _____

che ne dici di ...? _____

dire* _____

meno _____

secondo me _____

avere ragione _____

la ragione _____

9

lo scialle _____

lungo _____

leggero _____

10

i giovani _____

l'appuntamento _____

il centro commerciale _____

i ragazzi _____

di oggi _____

incontrarsi _____

il negozio di scarpe _____

scherzare _____

per ore e ore _____

vivere* _____

in mezzo a _____

amarsi _____

odiarsi _____

fare amicizia _____

sotto _____

la luce _____

giovane _____

mega _____

sparso _____

diventare _____

il punto di ritrovo _____

il ritrovo _____

la generazione _____

il successo _____

semplice _____

il corridoio _____

colorato _____

vivace _____

allegro _____

la periferia _____

la birreria _____

l'edicola _____

il parrucchiere _____

il taglio (di capelli) _____

la minicittà _____

l'oggetto _____

di corsa _____

portare la divisa di moda _____

la divisa _____

la compagnia _____

largo in fondo _____

(le scarpe con) la zeppa _____

GL

il brillantino _____

il naso _____

l'anellino _____

la moda _____

etnico _____

fanatico di _____

un paio di _____

l'elettricista (m. + f.) _____

mentre _____

innamorarsi di _____

la maglietta _____

il lavoretto _____

possedere* _____

il consumismo _____

giovanile _____

servire _____

telefonare _____

ma _____

mandarsi _____

il messaggio _____

scritto _____

il capo d'abbigliamento _____

l'accessorio _____

11

l'opinione (f.) _____

pratico _____

12

il diminutivo _____

14

l'articolo (vestito) _____

citare _____

la tuta da sci _____

la fascetta _____

il costume da bagno _____

l'accappatoio _____

lo scarpone (da sci) _____

il calzino _____

i pantaloncini (pl.) _____

i fratelli (pl.) _____

svolgere* un'attività _____

il cliente tipo _____

seguire la moda _____

abituale _____

la valle _____

lo sconto _____

in certi periodi _____

il periodo _____

15

È vero? _____

motivare _____

conveniente _____

cercare di _____

l'articolo di marca _____

aspettare _____

la svendita _____

fine stagione _____

in generale _____

fare attenzione a _____

pagare _____

E inoltre

1

la cartoleria _____

il francobollo _____

il vocabolario _____

la sigaretta _____

il quaderno _____

la penna _____

2

la tabaccheria _____

fare shopping _____

i grandi magazzini _____

il reparto _____

la profumeria _____

l'accendino _____

è tutto _____

Quant'è? _____

la guida _____

3

mettere* in scena _____

svolgersi* _____

GL

Qualcosa in più

Un must del tempo libero _____
il must _____
definitivamente _____
scomparso _____
il mezzo di trasporto _____
l'attrezzo sportivo _____
il benessere fisico _____
l'uso _____
resistere* _____
l'area _____
la cittadina _____
la tradizione _____
il trasporto _____
passare a _____
il passatempo _____
la forma fisica _____
radicalmente _____
tornare ad essere _____
l'oggetto del desiderio _____
il desiderio _____
il giocattolo _____
tirar fuori _____
imitare _____
i campioni del pedale _____
il pedale _____
il proprietario _____
usare _____
esclusivamente _____
l'utilizzo _____
la bici _____
risultare _____
nettamente _____
la popolazione _____
il reddito _____
la scolarità _____
la posizione
  socioculturale _____
elevato _____
ancora più di rado _____
l'aiuto _____
almeno _____
economicamente _____
Spaghetti al pomodoro _____

I più amati dagli italiani _____
il più amato _____
altrettanto _____
il formato _____
la passione _____
confermare _____
il sondaggio _____
realizzare _____
la ricerca _____
emergere* _____
infatti _____
che _____
raccogliere* consensi _____
il maggior numero _____
che hanno fatto salire _____
salire* _____
la percentuale _____
contro _____
piazzarsi _____
le penne _____
i rigatoni _____
il superclassico _____
il basilico _____
la preferenza _____
i vermicelli _____
la vongola _____
il tipo _____
un terzo _____

Lui e io _____

aver(e)* caldo _____
aver(e)* freddo _____
veramente _____
non fare che lamentarsi _____
lamentarsi _____
sdegnarsi _____
infilarsi _____
il golf _____
sapere* _____
nessuno _____
riuscire* _____
in qualche modo _____
il senso dell'orientamento _____

muoversi* _____ solo (*agg.*) _____

la farfalla _____ il mondo _____

sperdersi _____ la poesia _____

ritornare _____ lo sforzo _____

sconosciuto _____ spiacevole _____

l'automobile (*f.*) _____ il dovere _____

ordinare _____ la fatica _____

la pianta topografica _____ resterei _____

imbrogliarsi _____ mi muoverei _____

il cerchiolino _____ tuttavia _____

arrabbiarsi _____ il concerto _____

la pittura _____ addormentarsi _____

importare _____ la virtù _____

annoiarsi _____

GL

GLOSSARIO ALFABETICO

Il primo numero in grassetto indica la lezione, il secondo l'attività. L'asterisco (*) indica che il verbo ha una forma irregolare al presente o al passato prossimo. La lettera (E) si riferisce a testi o ad illustrazioni inseriti in E inoltre.

a casa **4** 2
a che ora? **6** 1 (E)
a colazione **8** 13
a destra **6** 10
a dire* il vero **7** 2 (E)
a domani **1** 12
a due passi **6** 9
a gestione familiare **7** 1
a letto **4** 10
a lunga conservazione **8** 6
a lungo **4** 2
a partire da **5** 3
a persona **5** 2
a pezzettini **8** 14
a piedi **5** 2
a più tardi **3** 1 (E)
a presto **1** 12
a prezzo fisso **3** 6
a quadri **10** 0
a quale fermata? **6** 9
a quest'ora **6** 11
a richiesta **3** 13
a righe **10** 0
a scelta **7** 1
a sinistra **6** 10
a tavola **9** 9
a volte **9** 1
abbastanza **7** 2 (E)
abbigliamento **10** 1
abbinare **5** 1/**8** 2
abitante **8** 11
abitare **2** 9
abituale **10** 14
abitudine **8** 1
accanto a **4** 1/**6** 11
accappatoio **10** 14

accendino **10** 2 (E)
accessorio **10** 10
accomodarsi **8** 4
accompagnare **9** 3 (E)
aceto **3** 9
aceto balsamico **8** 10
acqua **3** 1
acqua calda **5** 8
acqua minerale **3** 1
acquistare **8** 11
adatto **10** 4
addirittura **7** 2 (E)
aderente **10** 1
adesso **2** 15/**4** 2 (E)
affatto **4** 10
affettati misti **3** 6
affettato **8** 4
affettuoso **9** 1 (E)
affittare **5** 10/**7** 6
agenzia pubblicitaria **2** 9
aggiungere* **8** 14
aglio **8** 1
agosto **5** 10
ai ferri **3** 6
aiutare **8** 11
al forno **3** 6
al largo **7** 1 (E)
al massimo **10** 2
albergo **5** 0
alcune **5** 2
alcuni **7** 1
alfabeto **3** 2 (E)
alimentari (*pl.*) **8** 1
all'angolo **6** 13
all'aperto **3** 13
alla griglia **3** 6
alla prossima volta **1** 12

alla salute! **9** 3 (E)
allegro **10** 10
allo spiedo **3** 6
alloggio **7** 1
allora **3** 3/**4** 9/**5** 3
Alpi **7** 1 (E)
alto **10** 1
altre **4** 7
altro **3** 2/**5** 7/**8** 4
alzarsi **9** 3
amare **2** 15
amarsi **10** 10
amico/-a **2** 4
amicizie **9** 9
anche **1** 2
ancora **3** 11
andare* **4** 2 / **6** 2
andare bene con **10** 3
anellino **10** 10
angolo **6** 13
animale **5** 2
animato **8** 11
animazione **7** 1
anno **5** 2
annoiarsi **9** 9
annuncio **5** 10
antico **6** 4
antipasto **3** 6
anzi **7** 2 (E)
aperitivo **3** 1
aperto **5** 2
appartamento **5** 10
appena **7** 2 (E)
approfittare **8** 11
appuntamento **10** 10
appunto **8** 4
aprile **5** 10
arancia **1** 6
aranciata **3** 1
arancione **10** 0
archeologico **6** 10
architetto per interni **2** 8

architettura **2** 14
argentina **2** 15
aria condizionata **5** 2
armadio **5** 5
arrivare (a) **6** 11
arrivederci **1** 5
arrivederLa **1** 12
arrosto **3** 6
arte moderna **4** 10
articolo **9** 9/**10** 14
articolo di marca **10** 15
ascensore **5** 10
asciugacapelli **5** 5
asciugamano **5** 5
ascoltare **3** 11
ascoltare musica **4** 3
asparago **8** 1 (E)
aspettare **10** 15
aspettarsi **9** 9
assenza **9** 9
associare a **8** 1 (E)
assoluto **7** 1
attimo **5** 3
attività **4** 1
attrattiva **8** 11
attraversare **6** 10
auguri **9** 1 (E)
Austria **1** 8
austriaco **1** 7
autobus **6** 9
autocorriera **6** 9
autunno **8** 1 (E)
avanti **6** 11
avere* **1** 3 (E)/**10** 1
avere fame **9** 3
avere inizio **8** 11
avere ragione **10** 7
azzurro **10** 0
baby-sitter **2** 14
bacio **7** 3/**9** 1 (E)
bagno **5** 1
balcone **5** 10

ballare 4 1
ballo 4 9
bambino 5 2
banca 2 11
bar 3 3
barca 7 3
barista 4 13
basilica 6 7
basso 4 7/10 1
beh 5 3
beige 10 0
Bel Paese 6 1
bello 2 9/5 13
ben 8 14
ben arredato 5 10
bene 2 1/3 3
benessere 7 1
benissimo 2 1
bere* 3 3
bevanda 3 1
bianco 3 8
biblioteca 6 10
bicchiere 3 1
bicchiere di latte 3 1
bici 7 1
bicicletta 1 6
bilocale 5 10
birra 3 1
birreria 10 10
biscotto 8 1
bisogno 9 9
bistecca 8 1
blu 10 0
Bologna 2 9
borsa 10 2
borsetta 10 1
bosco 7 2 (E)
bottiglia 3 9
braciola di maiale 3 6
brasiliana 2 14
bravo 9 1 (E)
breve 7 5
brevissimo 7 8
brezza 7 1 (E)
brillantino 10 10
Brunello 7 13
bruschetta 3 6
brutto 7 2 (E)

buon anno 9 3 (E)
buon appetito 3 0
buon compleanno 9 1 (E)
buon Natale 9 3 (E)
buon viaggio 9 3 (E)
buona Pasqua 9 3 (E)
buona sera 1 1
buonanotte 1 12
buone vacanze 9 3 (E)
buongiorno 1 1
burro 3 6
c'è 5 3
caffè 1 5/3 3
calcio 4 7
caldo 5 8/7 1 (E)
calmo 7 1 (E)
calzino 10 14
cambiare 6 11/9 9/10 3
cambiare casa 9 9
camera 2 14/5 1
camera da letto 5 10
camera doppia 5 2
camera matrimoniale 5 1
camera singola 5 1
camicetta 10 1
camicia 10 1
campeggio 7 5
campione 9 9
campo giochi 7 1
cane 5 1
cantina 8 11
canzone 4 7
capire (-isc) 6 11
capo 10 3
capo d'abbigliamento 10 10
capodanno 9 2 (E)
cappella 5 2
cappello 10 6
cappotto 10 1
cappuccino 3 1
carciofo 8 1 (E)
carino 5 13
carne 3 6
carne macinata 8 1
caro/-a 5 2/5 13
carota 3 14
carriera 9 1 (E)

carta di credito 5 3
carta igienica 5 5
cartina 6 11
cartoleria 10 1 (E)
cartolina 6 8
casa 4 2
casalinga 2 11
cassa 8 4
Cassa di Risparmio 6 12
castagna 8 1 (E)
castello 6 5
celeste 10 0
cellulare 1 3 (E)
cena 3 14
cenare 6 11
centrale 5 10
centro 5 2
centro benessere 7 1
centro commerciale 10 10
Centrosud 7 1 (E)
cercare 2 14
cercare di 9 8
certo 3 11
che 4 4/6 11
che caldo 7 3 (E)
che domanda 7 8
che freddo 7 3 (E)
che ora è? 4 1 (E)
che ore sono? 4 1 (E)
che pioggia 7 3 (E)
che tipo di (+ sost.)? 8 11
che vento 7 3 (E)
che? 1 2 (E)/2 6
chi 5 2
chi? 1 11
chiamare 5 7
chiamarsi 1 2
chiaro! 7 8
chiave 1 6
chiedere* 6 9
chiesa 1 6
chilo 8 2
chitarra 1 5
chiudere* 5 8/6 1 (E)
chiuso 3 13
ci 6 2
ci sono 4 6/5 3
ciao 1 1/1 12

ciliegia 8 1
cin cin 9 3 (E)
cinema 4 3
cinese 3 13
cintura 10 6
cioccolata 1 6
cipolla 8 1
circa 3 13
citare 10 14
città 2 15
classico 10 1
cliente 5 9
cliente tipo 10 14
climatizzato 3 13
coca 3 7
cocomero 8 1 (E)
cognome 1 4 (E)
colazione 5 2
collega 2 15
collegare 6 15
collina 8 11
colorato 10 10
colore 10 3
colori di moda 10 3
coltello 3 9
com'è 6 2
come 1 5
Come sta? 2 1
Come stai? 2 1
Come va? 2 1
come? 1 2
cominciare 6 1 (E)/9 1
commesso/-a 2 12
comodità 9 9
comodo 5 13
compagnia 10 10
compagno 4 6
compleanno 9 3 (E)
completare 3 11
complimenti 9 1 (E)
comprare 8 1
compreso 5 2
con 2 14
con ogni comfort 5 10
con quelli 6 2 (E)
con vista su 5 10
conferma 5 3
confermare 5 3 (E)

confezione 8 4
congratulazioni 9 3 (E)
conoscenza 4 8
conoscere (-isc) 3 2/6 1
conservare 10 3
consumismo 10 10
contare 9 1 (E)
contenuto 9 9
continuare 6 11
conto 3 11
contorno 3 6
controllare 5 7
conveniente 10 15
convento 7 1
conversazione 2 14
coperta 5 5
coppia 5 5
coprire* 6 11
cornetto 3 3
corpo 7 1
corretto 3 11
corridoio 10 10
corrispondente 4 1
corrispondere 4 7
corso 1 4 (E)
corso d'italiano 1 4 (E)
corto 10 6
cosa? 4 9
così 3 7
costa 7 1 (E)
costa di sedano 8 14
costare 10 3
costume da bagno 10 14
cotoletta alla milanese 3 6
cotone 10 0
cratere 7 3
cravatta 10 1
creatività 9 9
credere 6 9
crema 3 3
crocetta 6 15
crostata 8 11
cucchiaino 3 9
cucchiaio 3 9
cucina 3 13
cucinare 3 14
culturale 6 7

cuocere* 8 14
cuoco 1 5
cuore 1 5
cura 7 1
cuscino 5 5
d'accordo 3 11
da ... in poi 5 1 (E)
da ... a ... 2 1 (E)/9 1
da 4 7/5 13/5 7/7 2 (E)
da poco tempo 4 7
da queste parti 8 11
da solo/-a 4 13
dare una mano 8 11
data 5 3 (E)
davanti a 6 9
debole 7 1 (E)
descrivere* 6 8
descrizione personale 4 7
desiderare 3 3
dessert 3 6
di 1 7/2 15/4 7/10 0
di ... anni 2 14
di corsa 10 10
di fantasia 3 13
di fronte a 6 13
di magro 8 11
di mattina 9 1
di meno 2 6 (E)
di notte 9 1
di nuovo 7 2 (E)
di oggi 10 10
di più 2 6 (E)
di pomeriggio 9 1
di qui 6 12
di solito 4 2
dialogo 1 8
dica 3 11
dicembre 5 10
dieta 7 1
dietro 6 13
differenza 6 2 (E)
dimenticare 9 1 (E)
diminutivo 10 12
dinamico 7 1
dintorni (pl.) 6 7
dipendere* 9 10
dire* 10 7
discoteca 4 5

discutere* 8 1
disegnare 9 9
disegno 4 1
distinti saluti 5 3 (E)
distributore 6 13
diventare 10 10
diverso 7 5
divertimento 9 9
divertirsi 9 1 (E)
divisa 10 10
doccia 5 1
dolce 8 11
Dolomiti 7 1
domanda 4 7
domandare 6 15
domani 1 12
domenica 3 13
domenica mattina 8 11
donna 9 2 (E)
dopo 7 8/8 11
dopo cena 7 3
doppi servizi 5 10
dormire 4 1
Dott. (m., abbr. dottore) 2 8
Dott.ssa (f., abbr. dottoressa) 2 8
dottore 1 1
dove? 1 7
dovere* 6 9
dritto 6 10
dunque 5 3/6 9
duomo 6 10
durante 4 13
duro 9 3
e 1 2
è tutto 10 2 (E)
è vero? 10 15
ecco 8 4
economia 4 7
economico 5 2
ed 2 14
edicola 10 10
edificio 6 4
elegante 5 2
elettricista 10 10
e-mail 4 8
esatto 6 15

escursione 7 1
esotico 3 13
espressione 6 11
esserci* 5 3
essere* 1 2
essere d'accordo 3 14
essere interessati a... 5 12
Est 7 1 (E)
estate (f.) 8 1 (E)
estetista 2 8
età 4 7
etnico 10 10
etrusco 7 13
etto 8 2
evaporare 8 14
eventualmente 10 3
fabbrica 2 11
fagiolo 3 7
fame 9 3
famiglia 2 14
famoso 6 2
fanatico di 10 10
fangoterapia 7 1
fare* 2 9
fare acquisti 10 0
fare amicizia 10 10
fare attenzione a 10 15
fare bene 9 9
fare caldo 7 2 (E)
fare colazione 7 8
fare compere 5 2
fare conoscenza 1 4
fare due passi 9 3
fare fotografie 7 5
fare freddo 7 2 (E)
fare ginnastica 4 6
fare il bagno 7 8
fare la doccia 7 5
fare la spesa 4 3
fare shopping 10 2 (E)
fare sport 4 1
fare surf 7 5
fare un corso 7 6
fare un giro in barca 7 3
fare un giro in bicicletta 7 5
fare un giro in gommone 7 8

A

fare una passeggiata 4 3
fare yoga 4 4
farmacia 2 11
farmacista 2 12
fascetta 10 14
fatto in casa 3 13
fax 5 3
febbraio 5 10
felice 9 9
felicitazioni vivissime 9 1
   (E)
fermare 6 9
fermata 5 10
ferragosto 9 2 (E)
festa 2 7
festa del papà 9 2 (E)
festa della donna 9 2 (E)
festeggiare 9 2 (E)
figli (pl.) 9 3
figlio/-a 2 14/8 11
film 4 10
film giallo 4 10
finalmente 9 3 (E)
fine 1 12
fine settimana 4 5
fine stagione 10 15
finestra 5 8
finire (-isc) 8 11/9 1
fino a 3 13/6 12/9 1
forchetta 3 9
formaggio 1 5
formare 4 9
forse 3 1 (E)
forza 9 9
foto 6 1
fra … e … 9 6
fra 4 9/6 13
fra l'altro 8 11
fragola 3 6
francese 1 8 / 2 6
Francia 1 8
francobollo 10 1 (E)
frase 4 6
fratelli (pl.) 10 14
freddo 7 2 (E)
frequentare 6 7
fresco 3 6/8 4
frigobar 5 1

frittata 3 14
frutta 3 6
frutti di mare 3 6
fumare 3 13
fumatore 3 13
fumetto 4 10
funghi 1 5
funzionare 5 7
fuoco 8 14
fuori 4 6
fuori città 7 7
garage 5 3
gasato 3 7
gelato 1 5
generazione 10 10
gennaio 5 10
gente 4 13
Germania 1 5
ghiaccio 3 7
già 6 11
giacca 10 1
giacca a vento 10 1
giallo 10 0
giardino 4 1
ginnastica 4 6
giocare 4 3
giocare a calcio 4 7
giocare a carte 4 3
giocare a tennis 4 3
giornale 1 6
giornaliero 7 1
giornata 7 3
giornata lavorativa 9 5
giorno 3 13
giorno di chiusura 3 13
giovane 10 10
giovani (pl.) 4 13/10 10
giovanile 10 3
giovedì 4 5
girare 6 10
giubbotto 10 1
giugno 5 10
giusto 5 10
gommone 7 8
gonna 10 1
gradito 3 13
grammo 8 2
grande 3 13

grandi magazzini 10 2
   (E)
gratis 5 2
grazie 2 1
grazie mille 3 1 (E)
greco 2 6
grigio 10 0
grosso 8 4
gruppo 6 2 (E)
guanto 10 6
guardare 6 7
guardare la TV 4 2
guida 7 1/10 2 (E)
guida alpina 7 1
gusto 4 9
hotel 5 2
idea 7 1
ideale 5 2
idroterapia termale 7 1
ieri 7 3
imparare 4 7
impermeabile 10 1
impiegata 2 9
importante 6 5
in base 5 5
in bocca al lupo 9 1 (E)
in brodo 3 6
in cambio di 2 14
in certi periodi 10 14
in coppia 5 5
in generale 10 15
in giro per 6 0
in italiano 5 3 (E)
in mezzo a 10 10
in provincia di 8 11
in un modo 9 10
in vacanza 5 11
in via … 6 11
incontrare 7 5
incontrarsi 10 10
incrocio 6 10
indimenticabile 7 3
indipendente 5 10
indirizzo 1 3 (E)
indossare 10 1
indovinare 2 6 (E)
infermiere/-a 2 12
informarsi 9 5

informazione 5 3
ingegnere edile 2 8
Inghilterra 1 8
inglese 1 7/2 6
ingresso 5 10
innamorarsi di 10 10
innamorato 9 2 (E)
inoltre 1 0 (E)
insalata di mare 3 6
insalata mista 3 6
insegnante (m. + f.) 2 9
insegnare 4 7
inserire 6 11
insieme 4 5
insieme a 7 5
insomma 6 7/8 11
intenso 7 3
interessante 5 10
internazionale 5 2
intervista 4 13
intervistare 4 10
invece 2 4
inverno 8 1 (E)
invito 3 14
io 1 2
Irlanda 1 8
irlandese 1 7
istituto 5 2
Italia 1 8/2 15
italiana 1 7
italiano 1 8/2 4
itinerario 7 13
l'altro ieri 7 12
lago 1 5
lampada 5 5
lana 10 0
largo 1 4 (E)
largo 10 6
largo in fondo 10 10
lasagne 3 6
lato 9 3
latte 3 1
latte fresco 8 4
laurea 9 1 (E)
lavarsi 9 6
lavatrice 5 10
lavorare 2 9
lavorare in proprio 2 15

A

lavoratore 9 2 (E)
lavoretto 10 10
lavoro 2 8
Le piace ...? 4 10
leggere* 1 6/4 1
leggero 10 9
Lei 1 2
lettera 3 2 (E)
lettera 5 13
letto 4 10
lezione 1 12
lì 6 2
libero 5 12
libreria 2 7
libro 4 7
libro di fantascienza 4 10
limone 3 3
lingua 2 6
lista 5 10
litro 3 7
lo stesso 5 3
locale 3 13
locale 5 10
lontano (da) 6 15
luce 10 10
luglio 5 10
lunedì 4 5
lungo 10 9
lungomare 5 10
ma 2 9/10 10
macchiato 3 3
macchina 1 6
macedonia 3 6
macelleria 8 2
magari 3 11
maggio 5 10
maglia 10 1
maglietta 10 10
maglione 10 2
mai 4 6
maiale 3 6
maionese 8 4
male 2 1
mamma 9 7
mancare 2 10
mandare 5 3
mandarino 8 2 (E)
mandarsi 10 10

mangiare 3 3
mare 5 10
marito 8 11
marmellata 3 3
marrone 10 0
martedì 3 13
marzo 5 10
massaggio 7 1
matematica 4 7
matrimonio 9 1 (E)
mattina 7 8
mattino 9 1
medico chirurgo 2 8
medioevale 7 13
meditazione 7 1
mega 10 10
melanzane alla
  parmigiana 3 14
meno 10 7
mensile 5 10
mentre 10 10
menù 3 6
menù del giorno 3 13
mercato 6 2
mercoledì 4 5
mescolare 8 14
mese 4 7
messaggio 10 10
metropolitana 9 10
mettere* 8 14/9 8
mettere in ordine 7 8
mettere in scena 10 3 (E)
mezza pensione 7 1
mezzo 3 7
mezzo chilo 8 4
mezzo pubblico 9 10
mi dispiace 2 1
mi piacciono 4 7
mi piace 4 7
mi scusi 6 9
mia 6 6
miele 8 1
minestra 3 7
minestra di fagioli 3 7
minestrone 3 6
minicittà 10 10
minigolf 7 1
mio 8 12

misterioso 3 3 (E)
mocassino 10 7
moda 10 10
modello 8 6/10 3
moderno 4 10
moglie 9 3
moltissimo 4 7
molto 4 7
molto bella 7 8
molto bene 2 4
molto buono 3 11
molto lieto 2 2
molto tempo 3 14
momento 3 11
montagna 5 11
montare la tenda 7 5
mortadella 8 4
mostra 6 2
motivare 10 15
motivo 2 15
mozzarella 3 14
museo 6 2
musica 4 3
musica classica 4 10
naso 10 10
Natale 9 2 (E)
natura 7 1
naturale 3 7
naturalmente 9 3
navigare su Internet 4 3
ne 8 4
neanche 4 11
negoziante 8 8
negozio 2 11
negozio di alimentari 8 1
negozio di calzature 10 7
negozio di dischi 9 3
negozio di scarpe 10 10
negozio specializzato 8 1
nello stesso modo 9 10
nero 8 4
nient'altro 8 4
niente di particolare 7 8
no 1 7
no, anzi 6 11
nome 1 4 (E)/3 2
non ... mai 4 5
non c'è di che 6 15

non c'è male 2 1
non lo so 6 15
non sono di qui 6 15
Nord 7 1 (E)
normale 9 6
normalmente 9 9
notte 5 3
novembre 5 10
nube 7 1 (E)
numero 1 1 (E)
numero ordinale 5 10
nuora 8 11
nuovo 9 5
nuvola 7 2 (E)
occasione 9 3 (E)
Oddio! 4 9
odiare 4 9
odiarsi 10 10
offerta 7 2
officina 2 11
offrire* 5 10
oggetto 10 10
oggi 3 7
ogni 5 10
ognuno 7 5
olandese 2 6
olio 3 9
oliva 8 4
oltre a 9 8
opera 4 9
operaio/-a 2 12
opinione 10 11
oppure 4 7
ora 4 2 (E)
ora 8 14
orario 5 2/6 2 (E)
orario di lavoro 9 2
orario di rientro 5 2
ordine 5 10
ore pasti 2 14
orologio 1 6
ospedale 2 8
ospitare 8 11
ospite 7 13
ottima qualità 10 3
ottimale 5 2
ottobre 5 10

Ovest 7 1 (E)
ovunque 7 1 (E)
ovvio 9 9
pacco 8 2
padrone di casa 5 13
Paese 6 1
paese 6 4
pagare 10 15
pagina 6 14
palazzo 5 2
palestra 4 2
Palio 7 13
pane 3 9
panettiere 9 1
panificio 8 2
panino 8 1
panino imbottito 3 5
panna cotta 3 6
pantaloncini (*pl.*) 10 14
pantaloni (*pl.*) 10 1
pantofole (*pl.*) 9 9
papà 9 2 (E)
parcheggio 5 1
parco 6 15
parlare 2 4
parmigiano 1 5
parola 2 10
parrucchiere 10 10
parte 9 9
partenza 7 1
particolare 7 8
partire 6 1 (E)/7 1
Pasqua 6 2
passante 6 15
passare 5 2
passato 7 13
passeggiata 4 3
pasta 3 5/3 7
pasto 8 13
patata 3 6
patatine fritte 3 6
paura 9 9
pausa 9 3
Peccato! 6 11
pelle 10 0
pelliccia 10 6
penna 10 1 (E)
pensare 6 1

pensionato/-a 2 11/9 7
pensione 7 13/9 9
pensione completa 7 1
pepare 8 14
pepe 3 9
peperoni 3 6
per 3 14/5 3/6 1 (E)
per carità! 9 9
per cento 9 9
per cortesia 3 11
per esempio 6 7
per favore 3 11
per fortuna 7 8
per lavoro 4 7
per le otto 3 1 (E)
per me 3 3
per motivi di lavoro
 2 15
per niente 4 10
per ore e ore 10 10
per piacere 3 7
per primo 10 2
pera 3 14
perché 2 15
perché? 4 9
pere cotte 3 14
perfetto 5 3
periferia 10 10
periodo 10 14
pernottamento 7 1
però 1 3 (E)
persona 3 13
personaggio 3 3 (E)
pesante 10 6
pesca 8 1
pesce 3 6
petto di pollo 3 14
pezzo 8 4
piacere! 1 2
piano 5 10
pianoforte 4 7
piatto 3 6/3 9
piazza 1 4 (E)
piccolo 2 14
pioggia 7 3 (E)
piovere 7 2 (E)
piscina 4 7
più 7 12

più tardi 7 8
piuttosto 8 4
pizza 3 5
pizza al taglio 8 11
pizzaiolo 9 7
pizzeria 3 13
poco 4 13
poi 3 3/4 6
pollo 3 6
pomeriggio 7 3
pomodori pelati 8 14
pomodori ripieni 3 6
pompelmo 3 1/3 6
ponte 6 15
porcini 3 6
portacenere 5 5
portare 3 11/5 2/10 1
portiere 5 7
Portogallo 1 8
portoghese 1 8
positivo 9 3
posizione 5 2
possedere* 10 10
possibile 3 1 (E)
posta centrale 6 10
posto 6 7
posto auto 5 10
posto di lavoro 2 11
posto fisso 9 9
posto letto 5 10
potere* 5 3/5 8
pranzare 7 3
pranzo 9 3
pratico 10 11
preferire (-*isc*) 3 7
preferito 8 12
pregare 4 7
prego 3 1 (E)/5 3
prendere* 3 3
prendere il sole 7 8
prendere in affitto
 5 11
prenotare 3 1 (E)
prenotazione 3 13
preparare 7 5
preposizione 6 9
presentare 2 2
presentazioni (*pl.*) 2 7

presto 7 8
previsioni del tempo 7 1
 (E)
prezzo 3 6
prima 6 11
prima di 7 12
primario radiologo 2 8
primavera 8 1 (E)
primi contatti 1 0
primo piatto 3 6
privato 5 2
problema 5 7
prodotto 8 1
prodotto biologico 8 1
professione 4 7
professore 1 1
profumeria 10 2 (E)
pronto? 7 2 (E)
proprio 2 1 / 7 1
prosciutto 8 1
prosciutto cotto 8 6
prosciutto crudo 8 6
prosecco 1 5
prossimo 5 3
provare 1 6/10 7
psicologo 9 9
pugliese 3 13
pullover 10 1
pullover da uomo 10 3
punto di ritrovo 10 10
pure 10 1
purè di patate 3 6
purtroppo 2 4
qua 7 2 (E)
quaderno 10 1 (E)
qual è 5 2
qualche 7 1 (E)
qualche volta 4 5
qualcosa 3 12
qualcos'altro 3 7
qualcosa da ... (+ *inf.*)
 6 7
qualcuno 5 7
quale? 3 13
quando 6 7
quando? 6 1 (E)
Quant'è? 10 2 (E)
Quante volte? 9 10

quanti? **5** 12

Quanto costa? **10** 3

quanto? **3** 1 (E)

quartiere **5** 2

quartiere residenziale **5** 2

quasi **4** 2

quello/-a **10** 7

quello che **7** 5

questionario **5** 3

questo/-a **2** 4

qui **2** 9

quindi **9** 3

quotidianamente **8** 11

quotidiano **9** 0

raccontare **7** 5

radicchio **1** 5

ragazza **9** 8

ragazzi (*pl.*) **10** 10

ragazzo **3** 7

ragione **10** 7

ragù **1** 5

rap **4** 10

raramente **9** 3

reception **5** 7

regalo **10** 3

reggiano **8** 11

regionale **3** 13

regolare **9** 3

reparto **7** 1

Repubblica **9** 2 (E)

restare **7** 6

restauro **6** 7

riascoltare **5** 3

ricetta **8** 14

ricorrenza **9** 2 (E)

ricotta **8** 11

riferirsi (-*isc*) **7** 1 (E)

rifiuto **9** 9

rileggere* **9** 9

rimanere* **7** 8

ringraziare **5** 3

riportato **9** 9

riposarsi **9** 3

riscaldamento **5** 7

riscaldamento autonomo
  5 10

rischio **9** 9

riservato **3** 4 (E)

riso **3** 8

risotto ai funghi **3** 6

risposta **5** 2

ristorante **2** 11

ritmo **9** 9

ritrovo **10** 10

rosa **10** 0

rosolare **8** 14

rosso **3** 7

routine **9** 9

rubrica telefonica **1** 4 (E)

rumoroso **6** 7

russo **2** 6

sabato **3** 13

sabato sera **4** 5

sala banchetti **3** 13

sala non fumatori **3** 13

sala riunioni **5** 2

sala TV **5** 2

salame **8** 1

salare **8** 14

salato **8** 11

sale **3** 9

salire* **7** 3

salone (di estetista) **2** 8

salumi **8** 13

salutare **7** 3

saluto **5** 13

San Giuseppe **9** 2 (E)

San Silvestro **9** 2 (E)

San Valentino **9** 2 (E)

sandalo **10** 6

sapere* **6** 2

saponetta **5** 5

sapore **8** 0

sauna **7** 1

scarpa **10** 1

scarpa da ginnastica **10** 6

scarpone (da sci) **10** 14

scatola **8** 14

scegliere* **9** 9

scelta **3** 13

scendere* **6** 9

schema **7** 9

scherzare **10** 10

scialle **10** 9

sciare **4** 6

sciarpa **10** 6

scommettere* **7** 2 (E)

scontento **5** 9

sconto **10** 14

scontrino **10** 3

scoprire* **4** 10

scorso **7** 10

scritto **10** 10

scrivere* **4** 6

scuola **2** 9

scusi **1** 2

se **5** 3/**6** 9

secondo **3** 15

secondo me **10** 7

secondo piatto **3** 6

sedano **8** 14

sedia **5** 5

segretaria **2** 9

seguire **7** 13

seguire la moda **10** 14

semaforo **6** 10

sembrare **9** 9

semplice **10** 10

semplicemente **9** 3

sempre **4** 2

senta, avete **5** 3

senza **3** 7

sera **4** 5

serata gastronomica **7** 1

servire **10** 10

servizio **7** 1

seta **10** 0

settembre **5** 10

settimana **4** 5

sì **1** 2/**4** 11

si **8** 11

Si figuri! **3** 1 (E)

Si immagini! **5** 7

sì, grazie **3** 11

sicurezza **9** 9

sigaretta **10** 1 (E)

signora **1** 1

signore **1** 2

signori **3** 3

silenzio **7** 1

simbolo **5** 1

simile **9** 5

situato **5** 10

soggiorno **5** 10/**6** 7

sogliola **3** 6

sole **7** 8

solito **9** 9

solo **3** 3

solo un primo **3** 7

sono **1** 2

sono di **1** 7

sono io **1** 2

sopra la media **7** 1 (E)

soprattutto **4** 9

sorpresa **9** 9

sosta **7** 1

sostituire(-*isc*) **6** 10

sottile **8** 4

sotto **5** 2/**10** 10

sottolineare **5** 10

spaghetti **1** 5

Spagna **1** 8

spagnolo **1** 8/**2** 4

sparso **10** 10

speciale **8** 12

spendere* **10** 7

spesa **8** 9

spesso **4** 5

spettacolo **6** 1 (E)

spettacolo **7** 3

spiaggia **7** 3

spicchio d'aglio **8** 14

spinaci **3** 6

splendido **7** 3/**9** 1 (E)

sportivo **7** 1

spremuta **3** 1

spremuta di pompelmo
  3 1

spumante **3** 1

stagionato **8** 4

stagione **8** 1 (E)/**10** 3

stamattina **7** 3

stanco **9** 3

star bene **10** 3

stare **2** 4/**4** 2

stasera **3** 15

statistica **9** 9

stazione **6** 9

stesso **4** 6

stivale **10** 1

strada **5** 10

straniero/-a **2** 15/**3** 2 (E)

A

stressato 7 1
stretto 10 6
strudel 3 8
strumento 4 7
studente 2 11
studentessa 4 7
studiare 2 9
studio fotografico 2 9
su 9 9
subito 5 3
subito dopo 6 12
successione 8 14
successo 10 10
Sud 7 1 (E)
sudamericano 4 9
sue 7 13
suoi 4 10
suonare 4 7
suora 5 2
supermercato 6 13
svedese 2 6
svegliarsi 9 6
svendita 10 15
Svizzera 1 8
svizzero 1 8
svolgere* un'attività
    10 14
svolgersi* 10 3 (E)
tabaccheria 10 1 (E)
tacco 10 1
taglia 10 3
tagliare 8 14
tagliatelle 3 6
taglio (di capelli) 10 10
tanti/-e 6 6
tantissimo 4 9
tanto 2 11
tappa 7 1
tardi 7 8
tassista 9 7
tavola 9 9
tavolo 3 10
tè 3 3
teatro 4 6
teatro comunale 6 10
tedesco 1 7/2 14
telefonare 3 4 (E)/10 10
telefonata 5 3

telefonico 5 3 (E)
telefonino 9 9
telefono 1 3 (E)
televisore 5 8
temperatura 7 1 (E)
tempo 3 14/7 1 (E)
tempo libero 4 0
temporale 7 1 (E)
tenda 7 5
terminal delle auto-
    corriere 6 9
termosifone 5 5
testo 4 7
TG (abbr. telegiornale)
    9 9
tipico 3 13
tiramisù 3 6
titolo 9 9
toast 3 3
tornare 5 13/7 3
torre 6 5
torta 8 11
torta salata 8 11
tortelli 8 11
tortellini 3 6
toscano 5 2
tovagliolo 3 9
tra 5 2
tradizionale 7 1
traduttrice 2 14
tragitto 9 9
tram 9 10
tramezzino 3 5
tranquillo 5 2
trattoria 3 7
traversa 6 10
treno 6 1 (E)
trentino 3 13
tripla 5 2
troppo 8 4/10 7
trota alla mugnaia 3 6
trovare 9 3 (E)
tu 1 2
tuo/tua 7 3
turista 6 9
tuta 9 8
tuta da sci 10 14
tutte 5 2

tutti i 7 1
tutto 5 2
TV (abbr.) 4 2
ufficio 2 9
ufficio del turismo 6 14
ufficio postale 2 11
uguale 9 9
ultimo 5 3 (E)
un paio di 10 2
un po' 6 7
un po' di 3 12
un poco 7 5
un quarto di 3 7
una volta 6 9
ungherese 4 7
unire (-isc) 6 4
università 6 2
uomo 10 3
uovo (pl. le uova) 8 1
Urbino 2 15
usare 7 7
uscire* 4 5
uscita (di casa) 9 9
uva 8 1
va bene 3 1 (E)
va bene così 3 7
vacanza 5 2
valigia 1 6
valle 10 14
vaporetto 7 5
vasetto 8 4
vedere* 6 1
vendere 8 11
venerdì 4 5
venire* 5 3/5 7
vento 7 1 (E)
veramente 6 11
veramente? 4 9
veranda 3 13
verbo 9 9
verde 8 4
verdura 8 14
vero 8 13
vero e proprio 6 7
vero? 6 2
versare 8 14
verso 6 11
vestire 10 1

vestirsi 9 6
vestito 10 1
vetrina 6 7
via 1 3 (E)
via Internet 4 8
viaggiare 4 7
viaggio 7 1
viaggio in bicicletta 7 6
viale 1 4 (E)
vicino 5 3
vicino a 5 10
vicolo 1 4 (E)
vigile 1 6
vigneto 8 11
villa 5 2
villino 5 10
vincere* 10 2
vino bianco 3 8
vino 3 7
viola 10 0
visita 7 1
visita guidata 7 1
visitare 2 15
vita 9 0
vitello 3 6
vivace 6 7
vivere* 10 10
vocabolario 10 1 (E)
voglia 9 9
volentieri 4 7
volere* 3 7
volo 7 1
volta 7 12
vostra 6 2 (E)
vostro 8 13
vuole 3 7
yoga 4 4
yogurt intero 8 6
yogurt magro 8 4
zeppa 10 10
zona 5 10
zona industriale 6 4
zona pedonale 6 2
zucchero 1 5
zucchina 3 14
zucchini 1 5

A

Qualcosa in più

addormentarsi
aiuto
almeno
altrettanto
ancora più di rado
annoiarsi
area
arrabbiarsi
attrezzo sportivo
automobile
aver(e) caldo
aver(e) freddo
basilico
benessere fisico
bici
cerchiolino
che
cittadina
concerto
confermare
contro
definitivamente
desiderio
dovere
economicamente

elevato
emergere
esclusivamente
farfalla
fatica
forma fisica
formato
giocattolo
golf
imbrogliarsi
imitare
importare
infatti
infilarsi
lamentarsi
mezzo di trasporto
mondo
muoversi*
nessuno
nettamente
ordinare
passare a
passatempo
passione
pedale

penne
percentuale
pianta topografica
piazzarsi
pittura
poesia
popolazione
posizione socioculturale
preferenza
proprietario
proprio
raccogliere
radicalmente
realizzare
reddito
resistere
ricerca
rigatoni
risultare
ritornare
riuscire
salire*
sapere
scolarità
scomparso

sconosciuto
sdegnarsi
senso dell'orientamento
sforzo
solo (*agg.*)
sondaggio
sperdersi
spiacevole
superclassico
tipo
tirar fuori
tornare ad essere
tradizione
trasporto
tuttavia
usare
uso
utilizzo
veramente
vermicelli
virtù
vongola

A

SOLUZIONI DEGLI ESERCIZI

LEZIONE 1

1

	8.00	19.00
con il "tu"	ciao	ciao
con il "Lei"	buongiorno	buona sera

2

1. Buona, Lei, piacere; 2. sono, come, chiami, Poli;
3. mi chiamo, tu; 4. Scusi, come, Lei, chiamo

3

1. GELATO; 2. CHIAVE; 3. BICICLETTA;
4. CHITARRA; 5. CUORE; Soluzione: LIBRO

4

1. c; 2. d; 3. e; 4. b; 5. a

5

Germania, Italia, Francia, Spagna, Portogallo, Svizzera,
Irlanda, Inghilterra

6

Scusi, Lei è spagnola?
No, sono portoghese.
Ah, portoghese. E di dove?
Di Oporto. E Lei di dov'è?
Di Milano.
Piacere. Mi chiamo Maria Rodriguez.
Piacere, Fellini.

7

1. sono; 2. è; 3. Mi chiamo, si chiama; 4. sei;
5. ti chiami; 6. è

8

Quando si arriva: ciao, buongiorno, buona sera
Quando si va via: ciao, a presto, arrivederLa, a domani, arrivederci, buona sera, buonanotte, alla prossima
volta

9

13 – 4 – 15 – 6 – 16 – 11 – 17 – 18 – 19 – 7

10

Partenza

C	F	G	I	O	R	U	G
venti	otto	sei	venti	dieci	tre	sedici	cinque
I	A	H	R	S	T	Z	F
diciannove	diciotto	nove	undici	nove	diciotto	quindici	sette
B	O	P	L	S	I	O	L
due	diciassette	dodici	diciannove	otto	sette	tre	due
D	A	A	M	P	M	V	T
sette	sedici	tredici	uno	diciassette	sei	quattro	uno
E	L	L	N	Q	A	Q	A
dodici	quindici	quattordici	zero	dodici	cinque	quattordici	zero

Arrivo

Ciao, alla prossima volta!

11

Germania, buongiorno, ciao, macchina, giornale,
spaghetti, prego, zucchero, chitarra, lago, Garda, ragù,
piacere, arrivederci, cuoco, cuore, funghi, caffè

LEZIONE 2

1

2. Ciao, come va? Benissimo, grazie.
3. Come sta, signora? Bene, grazie. E Lei?
4. Questo è Piero, un mio amico. Piacere.
5. Franco parla l'inglese? Sì, molto bene.
6. Le presento il signor Fogli. Piacere, Monti.

2

una mia amica; il signor Vinci; spagnola; portoghese; molto lieta; questo

3

1. un; 2. il; 3. lo; 4. il; 5. una; 6. la; 7. l'

4

Io sono di/a Madrid/Bologna. Io abito a Madrid/Bologna. Maddalena fa la segretaria. Maddalena è di Bologna. Maddalena è a Madrid/Bologna. Noi lavoriamo a Madrid/Bologna. Noi lavoriamo in una scuola. Pedro è di Madrid. Pedro è a Madrid/Bologna. Pedro è medico. Piero e Lucia sono di Bologna. Piero e Lucia sono a Madrid.

5

1. Carlo. 2. No, è segretaria/fa la segretaria.
3. Sì, di Berlino. 4. No, è insegnante/fa l'insegnante.
5. È ingegnere. 6. No, è studente. 7. Jeanine.
8. Di Siviglia.

6

un   amico, architetto, ufficio, operaio, corso, ingegnere, ospedale, numero, negozio, signore
uno   studio, studente
una   signora, casa, libreria, segretaria
un'   agenzia, amica, operaia

7

1. abitiamo; 2. sono; 3. lavora; 4. fa; 5. sono, lavoro;
6. abitate; 7. sta; 8. Siete

8

orizzontali: 3. OSPEDALE; 4. UFFICIO;
6. FARMACIA; 7. FABBRICA; 8. NEGOZIO
verticali: 1. RISTORANTE; 2. SCUOLA;
3. OFFICINA; 5. BANCA

9

1. Sono, ristorante; 2. fa, lo; 3. Siamo, banca; 4. figlio;
5. studiano, un, l'

10

12 81 32 6 – 81 40 89 – 68 18 1 24 – 9 3 3 2 1 7

11

orizzontali: 1. NOVANTA; 4. DODICI; 8. CENTO;
9. TRENTA; 10. SEI; 11. SETTANTOTTO;
12. OTTANTASEI; 13. TRE; 14. OTTANTOTTO;
15. SETTE; 16. ZERO
verticali: 2. VENTINOVE; 3. TRENTAQUATTRO; 4. DICIASSETTE; 5. DICIOTTO; 6. CINQUANTA-DUE; 7. QUARANTANOVE; 10. SETTANTA

12

1. Chi è Pedro? Un mio amico di Madrid.
2. Quanti anni hai? 48.
3. Di dove sei? Di Palermo.
4. Che lingue parli? L'italiano e il greco.
5. Come stai? Non c'è male, grazie.
6. Dove lavorate? In una fabbrica.
7. Come ti chiami? Giuseppe.
8. Qual è il tuo indirizzo? Via Dante, 14.

13

1. Mi dispiace; 2. Grazie; 3. Piacere; 4. Come, scusi?;
5. Arrivederci

15

Franco parla bene il tedesco.
Lara è di Merano?
Questo è Guido?
Maria non è portoghese.
Hans è di Vienna?
La signora Rossetti non sta bene.
Lei è irlandese.
Sei tedesco?

LEZIONE 3

1

1. SPUMANTE; 2. CAFFÈ; 3. ARANCIATA;
4. CAPPUCCINO; 5. BIRRA; 6. LATTE;
Soluzione: MANCIA

2

singolare:	aperitivo – cappuccino – latte – limone – gelato – spremuta – crema
plurale:	marmellate – birre – bicchieri – pizze – aranciate – cornetti
singolare + plurale:	toast – tè – caffè – bar

3

1. prendiamo, un', una; 2. prende, un; 3. Prendete, una;
4. prendo, un, un; 5. prendi, Un, un; 6. prendono, un, una

4

c, e, a, d, b

5

infinito	preferire	volere
io	preferisco	voglio
tu	preferisci	vuoi
lui, lei, Lei	preferisce	vuole
noi	preferiamo	vogliamo
voi	preferite	volete
loro	preferiscono	vogliono

6

1. voglio; 2. preferiscono; 3. preferiamo; 4. Vuole;
5. Volete; 6. preferisce; 7. vuoi; 8. preferisco

7

i gelati – la minestra – affettato – gli strudel – i – il – caffè – il – bar – l' – gli – le fragole – il pesce – i

I nomi in -*a* hanno il plurale in -*e*.
I nomi in -*o* ed -*e* hanno il plurale in -*i*.
I nomi che terminano in consonante o con sillaba finale accentata hanno il plurale uguale al singolare.

8

1. aceto; 2. tovagliolo; 3. aperitivo; 4. gelato; 5. macedonia

9

1. vuoi; 2. mi porta; 3. avete; 4. preferisce; 5. vorrei

10

1. bene; 2. buona; 3. buoni; 4. Buona, Bene; 5. buono;
6. buone, bene

11

Trattoria Pane e Vino
Cucina tipica
Specialità: Pasta fatta in casa
Sala non fumatori
Giorno di chiusura: Domenica
Menù del giorno €20

12

b.
1. ʤ; 2. ʧ; 3. ʧ; 4. ʤ; 5. ʤ; 6. ʧ; 7. ʧ; 8. ʤ; 9. ʤ; 10. ʧ

LEZIONE 4

1

1. f; 2. a; 3. d; 4. e; 5. b; 6. c

2

dormo, dorme, dormiamo; gioco, gioca, giochiamo;
legge, leggete, leggono; vado, va, andiamo, vanno

a. Le coniugazioni di *dormire* e *leggere* sono uguali, a parte la 2ª pers. pl. (*dormite, leggete*). La coniugazio-
ne di *giocare* ha una desinenza diversa alla 3ª pers. sing. (-*a* invece di -*e*), alla 2ª pers. pl. (-*ate*) e alla 3ª pers. pl. (-*ano* invece di -*ono*).

b. In *giocare*, alla 2ª pers. sing. e alla 1ª pers. pl. si mette una *h* tra la *c* e la *i*; in questo modo la pronuncia rimane la stessa.

c. In *leggere*, la *g* si pronuncia [g] alla 1ª pers. sing. e alla 3ª pers. pl., in tutti gli altri casi si pronuncia [ʤ].

3

1. stai, faccio, vado; **2.** dorme, fa, va, gioca; **3.** giocano, vanno; **4.** fai, sto, leggo, navigo, ascolto, cucino

4

1. suona; **2.** suoni; **3.** Giochiamo; **4.** gioco; **5.** giocano; **6.** suonate

5

1. faccio;
2. mi piace;
3. vado;
4. mi piacciono;
5. studio;
6. piace.

6

ho, sono, Abito, studio, piace, Amo, suono, vado, prego

LEZIONE 5

1

Avete ancora una singola per questa sera? (C); Quanto viene la camera? (C); A che nome scusi? (R); Nella camera c'è il frigobar? (C); Nell'albergo c'è il garage? (C); Per la conferma può mandare un fax? (R)

2

1. SINGOLA; **2.** MATRIMONIALE;
3. PARCHEGGIO; **4.** SETTIMANA;
5. DOMENICA; **6.** DOPPIA; **7.** COLAZIONE;
Soluzione: LOCANDA

3

bagno – doccia; cappuccino – colazione; cuscino – letto; fax – telefono; garage – parcheggio

4

1. c'è; **2.** ci sono; **3.** c'è; **4.** ci sono; **5.** c'è; **6.** c'è

5

1. La camera è tranquilla?
2. È possibile avere ancora un asciugamano?
3. Quanto viene la camera doppia?

7

1. piacciono; **2.** piace; **3.** piace; **4.** piace; **5.** piacciono; **6.** piace; **7.** piacciono

8

1. A Patrizia non piace ballare.
2. A te non piace Pavarotti?
3. Non ti piace l'arte moderna?
4. A me non piacciono i libri di fantascienza.
5. Non mi piace cucinare.
6. A Lei non piace l'opera?
7. Non Le piacciono i film italiani?
8. A noi non piace fare sport.

9

1. di, a, di; **2.** di; **3.** in, di, in; **4.** all', al, a; **5.** a, in, su

10

b. 1. Chi abita qui? **2.** Queste sono due amiche di Chiara. **3.** Quanti anni ha Carla? **4.** Guido parla cinque lingue. **5.** Loro guardano la TV o leggono un libro. **6.** Anch'io prendo un bicchiere d'acqua.

4. Avrei un problema, il frigobar non funziona.
5. Nella camera c'è il televisore?

6

potere: posso, puoi, può, possiamo, potete, possono
venire: vengo, vieni, viene, veniamo, venite, vengono

7

1. puoi, vengo; **2.** Vengono, possono; **3.** viene, può; **4.** viene; **5.** può

8

Tra, in, da, a, con, da, Per

9

da + il = dal; in + il = nel; in + la = nella; in + l' = nell'; su + il = sul

10

1. Nel; **2.** Nella; **3.** nell'; **4.** Nel; **5.** dal; **6.** al; **7.** sul

11

prenotazione, singola, dal, al, Vorrei, balcone, saluti

LEZIONE 6

1

1. Ci; 2. –; 3. –; 4. ci; 5. ci; 6. –; 7. ci; 8. ci

2

degli alberghi cari; un negozio elegante; delle chiese famose; una chiesa interessante; delle città moderne; un edificio moderno; delle pensioni tranquille; una zona industriale; dei ristoranti eleganti; un mercato famoso

plurale in *-i*.
plurale in *-i*.
plurale in *-e*.

3

A Padova c'è una piazza tipica/antica; c'è un'università antica; ci sono dei ristoranti tipici/economici; ci sono delle trattorie tipiche; ci sono degli edifici antichi/tipici; ci sono degli alberghi economici/tipici.

Gli aggettivi in *–ca* hanno il plurale in *–che*.
Gli aggettivi in *–co* hanno il plurale in *–chi*, se l'accento cade sulla penultima sillaba, e in *–ci* se l'accento cade sulla terz'ultima.

4

a, per, di, da, a, a, al, per, del, dei, Da, nei, a, A

5

1. molte; 2. molto; 3. molte; 4. molto; 5. molto; 6. molta; 7. molto; 8. molto

6

1. c; 2. d; 3. e; 4. a; 5. b

7

1. sai; 2. sapete; 3. dobbiamo; 4. dovete; 5. sanno, devono; 6. devi; 7. so, devo; 8. sa

8

1. c'è; 2. dov'è; 3. c'è; 4. dov'è; 5. dove sono; 6. ci sono; 7. c'è; 8. Dove sono

Quando chiediamo un'informazione su un posto che conosciamo, diciamo *c'è/ci sono*? Quando chiediamo un'informazione su qualche cosa che non sappiamo se c'è, diciamo *dov'è/dove sono*?

9

1. no; 2. sì; 3. sì; 4. no; 5. sì; 6. no

10

	+ il	+ lo	+ la	+ l'	+ i	+ gli	+ le
a	al	allo	alla	all'	ai	agli	alle
da	dal	dallo	dalla	dall'	dai	dagli	dalle
di	del	dello	della	dell'	dei	degli	delle
in	nel	nello	nella	nell'	nei	negli	nelle
su	sul	sullo	sulla	sull'	sui	sugli	sulle

11

1. Alla, all'; 2. dall'; 3. dell', delle; 4. sulla; 5. nella; 6. alla, alla; 7. del, dei; 8. all', alla

12

Per arrivare all'università vai dritto e poi prendi la prima strada a sinistra. Attraversi una piazza, continui ancora dritto e poi giri a destra (all'angolo c'è un supermercato). Vai ancora avanti e al secondo incrocio giri ancora a destra, in via Calepina. L'università è lì di fronte a una grande chiesa.

LEZIONE 7

1

sono andato/andata; avere; ho dormito; essere/stare; ho fatto; guardare; ho passato; pranzare; ho preferito; salire; ho studiato; tornare; sono uscito/uscita; visitare

2

1. Maria è stata al museo. Maria non ha avuto un momento libero. 2. Noi abbiamo guardato la TV. 3. Enrico è andato al cinema. Enrico è andato al museo. Enrico non ha avuto un momento libero. 4. Alessia è stata al cinema. Alessia è stata al museo. Alessia non ha avuto un momento libero. 5. Matteo e Paola hanno fatto un giro in barca. 6. Io ho dormito a lungo. 7. Federica e Roberta hanno fatto un giro in barca. Federica e Roberta sono tornate a casa a mezzanotte.

3

sei stata; hai fatto; Ho visitato; ho pranzato; ho passato; sei andato; sono salito; ho dormito

4

1. Stamattina ho fatto la spesa.
2. Ieri sera ho guardato la TV.
3. Domenica siamo andate in bicicletta.
4. Ieri notte ho dormito all'aperto.

5

1. Non ho avuto un momento libero.
2. Ieri Guglielmo ha passato una giornata molto intensa.
3. Hanno pranzato in un ristorante tipico.
4. Ieri Andrea e Fiorenza non sono stati al cinema.
5. Oggi Giuliano non ha dormito bene.
6. A luglio siamo andati in Portogallo.

6

1. molto interessante/interessantissimo;
2. molto moderno/modernissimo;
3. molto eleganti/elegantissimi;
4. molto sportiva/sportivissima; 5. molto famosa/famosissima; 6. molto intense/intensissime

7

regolare: andato, avuto, tornato, dormito · *irregolare*: messo, fatto, venuto, preso, stato, letto, rimasto

8

1. sei rimasto, sono andato, avete fatto, Abbiamo preso, siamo andati; 2. ha passato, Sono stata, ha visto; 3. hai fatto, Sono rimasta, ho lavorato, ho messo, ho cucinato, ho stirato; 4. Hai letto, ho ascoltato

9

1. a, in; 2. a, in; 3. in, a, in; 4. a, in; 5. in, a

10

1. ho mangiato; 2. sono andate; 3. è andato; 4. abbiamo preso; 5. ha letto; 6. ho fatto; 7. ha dormito; 8. è venuta

11

1. tutto il; 2. tutto il; 3. tutta la; 4. tutto il; 5. tutto il; 6. tutta la

12

fa; caldo; piove; vento; freddo

13

1. Ieri non ho lavorato. 2. Non ho visto niente. 3. Stanotte non ho dormito bene. 4. Non piove più. 5. Non ho avuto niente da fare. 6. Non vado mai a ballare. 7. Non fa più caldo. 8. Oggi Franco non è rimasto a casa.

14

1. qualche; 2. delle; 3. qualche; 4. dei; 5. qualche; 6. qualche; 7. qualche; 8. delle

1. ci sono stati dei temporali; 2. qualche passeggiata; 3. dei piatti tipici; 4. qualche museo interessante; 5. ci sono ancora delle nuvole; 6. degli alberghi non troppo cari; 7. delle bottiglie; 8. C'è ancora qualche trattoria aperta?

15

1. Non ho avuto un momento libero. 2. Dopo cena sei stata al cinema? 3. Guido è andato al mare per una settimana. 4. Siete tornati al lago anche ieri? 5. Ho messo in ordine la casa. 6. Luca non è venuto a scuola. 7. Abbiamo dormito in un albergo in montagna. 8. Sei andato ad Assisi da solo o con amici?

LEZIONE 8

1

1. carne; 2. uova; 3. pesche; 4. uva; 5. olio; 6. patate

2

un pacco di pasta, un pacco di riso; un litro di latte, un litro di vino; un chilo di carne macinata, un chilo di patate, un chilo di cipolle, un chilo di uva; un etto di carne macinata, un etto di salame, un etto di prosciutto; mezzo chilo di carne macinata, mezzo chilo di patate, mezzo chilo di cipolle, mezzo chilo di uva; sei uova, sei patate, sei cipolle, sei bistecche

3

1. Com; 2. Com; 3. Cl; 4. Cl; 5. Com; 6. Com; 7. Com; 8. Cl

4

1. dell'; 2. del; 3. del, delle; 4. dell'; 5. delle, delle; 6. della; 7. dei

5

1. Li; 2. Lo; 3. lo; 4. la; 5. La; 6. li; 7. Le; 8. le

6

1. La frutta la compro quasi sempre al mercato.
2. Il salame lo può affettare molto sottile?
3. Le olive come le vuole? Nere o verdi?
4. La pasta non la mangio quasi mai.

5. Il latte lo vuole fresco o a lunga conservazione?
6. I peperoni li compri tu?

7

1. le; 2. ne; 3. ne; 4. li; 5. lo; 6. ne; 7. ne; 8. la

8

lo; Le; ne; lo; Ne

9

1. si beve; 2. si possono; 3. si vendono; 4. si fanno; 5. si mangia; 6. si cucina; 7. si prende

10

Tagliare; rosolare; aggiungere; mescolare; salare; versare; cuocere

11

1. ARANCIA; 2. ASPARAGI; 3. CARCIOFO; 4. MANDARINI; 5. PEPERONE; 6. FRAGOLA; 7. AGLIO; 8. POMODORO;
Soluzione: CARRELLO

12

1. b; 2. p; 3. p; 4. b; 5. b; 6. p; 7. p; 8. b; 9. b; 10. p; 11. b; 12. p; 13. p; 14. b

LEZIONE 9

1

1. alle; 2. dalle, alle; 3. fra; 4. alle

2

1. il giovedì; 2. luglio; 3. la domenica; 4. aprile; 5. la primavera; 6. l'estate

3

sono, mi alzo, comincio, lavoro, torno, mi riposo, sono, ho, vado

4

tranquillamente; vero; tipicamente; semplice; elegantemente; regolare; particolarmente; naturale; industrialmente

5

1. tranquilla; 2. tranquillamente; 3. industriale; 4. industrialmente; 5. particolarmente; 6. particolare; 7. naturali; 8. naturalmente

ti lavi, ci laviamo, si lavano; mi vesto, si veste, vi vestite

1. ci alziamo; 2. si riposa; 3. si svegliano, si alzano, si vestono; 4. vi riposate; 5. ti alzi; 6. mi lavo

La mattina mi sveglio alle sette. Alle sette e dieci mi alzo, (poi) mi lavo e mi vesto. Alle sette e mezza faccio colazione. Alle otto esco di casa e vado in banca, dove lavoro. Comincio a lavorare alle otto e mezza. Fra l'una e le due faccio (sempre) una pausa per il pranzo. Alle cinque finisco di lavorare e torno a casa. (Prima) mi riposo un po', (poi) alle otto ceno. (Spesso) guardo la televisione o (a volte) leggo un po'. Alle undici vado a letto.

La mattina Luca si sveglia alle sette. Alle sette e dieci si alza, (poi) si lava e si veste. Alle sette e mezza fa colazione. Alle otto esce di casa e va in banca, dove lavora. Comincia a lavorare alle otto e mezza. Fra l'una e le due fa (sempre) una pausa per il pranzo. Alle cinque finisce di lavorare e torna a casa. (Prima) si riposa un po', (poi) alle otto cena. (Spesso) guarda la televisione o (a volte) legge un po'. Alle undici va a letto.

casa, macchina, colazione, cambiare, posto, pensione, TV, sabato, amici, mangiare, giocare, navigare

1. Tanti auguri! 2. Buon viaggio!/Buone vacanze! 3. Buon Natale! 4. Buon anno! 5. Buona Pasqua!

a. 1. t; 2. tt; 3. tt; 4. t; 5. t; 6. tt
b. 1. p; 2. pp; 3. pp; 4. p; 5. pp; 6. p
c. 1. mm; 2. m; 3. mm; 4. m; 5. mm; 6. m
d. 1. n; 2. nn; 3. n; 4. nn; 5. nn; 6. n
e. lati, mattina, città, vita, sete, sette; aperto, appetito, Giuseppe, pepe, troppo, dopo; commessa, come, mamma, amare, grammo, salame; mano, donna, persona, innamorato, compleanno, divano

LEZIONE 10

1. neri, celeste, bianca; 2. grigio, marrone; 3. verde, nera; 4. blu, rosa; 5. grigi, rosso; 6. gialle, azzurre, verdi, rosse

2. c; 3. f; 4. e; 5. a; 6. b

1. mi; 2. le; 3. Le; 4. gli; 5. ti; 6. mi; 7. Gli/A loro; 8. ti, Ti

4

1. quello; 2. quelli; 3. quelle; 4. quella; 5. quelli; 6. quelle

5

1. quel; 2. Quei; 3. quella; 4. quelle; 5. quegli; 6. quell'; 7. quei; 8. Quello

6

1. più lunghe; 2. più classico; 3. più eleganti; 4. più stretti; 5. più piccola; 6. più basso

2. aderentissimi; 3. larghissimo; 4. coloratissimi; 5. elegantissima; 6. carissime; 7. pesantissimi; 8. strettissima

1. pratici/comodi delle; 2. lungo del; 3. caro del; 4. comode/pratiche dei; 5. alcolica del; 6. grande dell'; 7. dolci delle; 8. freddo dell'

9

anellino, appartamentino, brillantino, gruppetto, lavoretto, negozietto, paesino, villino

10

1. francobolli, accendino; 2. mocassini; 3. vocabolari; 4. valigia; 5. prosciutto, yogurt

11

c: 1, 6, 8, 13; cc: 3, 9, 14; g: 2, 5, 7, 10, 12; gg: 4, 11, 15

INDICAZIONI DELLE FONTI

p. 18: seconda e quinta foto: archivio MHV
p. 29: in alto: © Wolfgang Ressler, Monaco di Baviera
p. 43: foto: © IFA-BILDERTEAM-Bumann; Testo: intervista di Antonio Pellegrino
p. 58: © Ente Nazionale Italiano Per Il Turismo (E.N.I.T.), in alto e in basso a sinistra;
© Jürgen Frank, a destra in centro; © Piero Salabè, in basso a destra
p. 61: © IFA-BILDERTEAM-Fred
p. 65: © Comune di Parma 1998
p. 68: a sinistra al centro: © IFA-BILDERTEAM-Eich; a sinistra in basso: © IFA-BILDERTEAM-Helweg
p. 82: © ROPI
p. 84: testo: da "La cucina italiana", febbraio 2000
pp. 92/93: testo: da "la Repubblica", 4/11/99
p. 93: foto: a sinistra: archivio MHV; al centro: © IFA-BILDERTEAM-Held
p. 102: testo: da "Donna moderna", 7/6/2000, © Arnoldo Mondadori Editore, Milano
p. 111: testo: da "la Repubblica", 15/9/2000, statistica: da GPF & Associati
p. 112: testo: da "la Repubblica", 19/10/2000; foto: © IFA-BILDERTEAM-Schmitz
p. 113: testo: da "Le piccole virtù", © Giulio Einaudi Editore, Torino
© Ph. P. Carossini, Firenze (p. 14 terza, quarta, quinta e sesta foto, p. 29 in basso, pp. 30-31, 46
prima e terza foto, p. 81 a destra, p. 93 a destra)
© Jens Funke, Monaco (p. 14 prima foto, p. 34, 48 in basso, 53, 59 a destra in basso, p. 84, 111
in alto)
© Linda Cusimano (p. 14 seconda foto, p. 19 prima foto, p. 21 prima e quinta foto, p. 24, 44
prima e seconda foto, p. 58 a destra in alto, p. 59 a destra in alto e in basso in centro, p. 68 a
sinistra in alto e a destra in basso, p. 81 a sinistra, p. 88 a sinistra in alto e al centro, p. 101,
102,104,153)
© Giovanna Rizzo (p. 18 terza foto, p. 83, 88 a sinistra in basso)
© Silvio Dondio e Luciana Ziglio (p. 8, 18 prima e quarta foto, p. 19 seconda, terza e quarta foto,
p. 21 seconda, terza e quarta foto, p. 44 terza e quarta foto, p. 59 a sinistra in alto e in basso, in
alto al centro, p. 66, 68 in alto a destra, p. 81 al centro, p. 88 a destra in alto e in basso, p. 90,
106, 141)

INDICE DEL CD